UP非常成长书

一口气读完 一辈子受益

UP非常成长书

一口气读完 一辈子受益

聪明不是天生的

——影响孩子一生的励志故事

晓玲叮当 编著

二十一世纪出版社集团
21st Century Publishing Group

目　录

目　录

引子

这个世界上有许多智者
他们那么聪明
难道都是天生的吗

其实呀
没有人可以给我们智慧
我们必须自己找寻它

你的小脑袋就像一台小机器
多思考，多运用
它会越来越灵活
只要每日常常思索
你的智慧羽翼就会悄然出现

现在，翻开这本奇妙的魔法书
好奇心会带你叩响探索之门
让我们探一探这神奇奥秘
在黑暗中寻找一盏智慧之灯

皮鞋和雨伞

你知道皮鞋是怎么来的吗？下雨天那些盛开在街头的一朵又一朵的伞花又是谁发明的呢？这里有两个美丽的传说。

很久很久以前，人们只能赤着脚在地上走来走去，地上的小石子硌脚，冰凉的地面也让脚掌很不舒服。

不过，住在王宫里的国王可没有这些烦恼，王宫里的地面都铺了又软又光滑的牛皮，走在上面非常舒服。

有一天，国王准备视察全国，他希望不管走到哪里都能像走在王宫里一样舒服。这可把大臣们愁坏了，如果要把全国的道路都铺上牛皮，到哪里找这么多牛皮呢？

就在大臣们一筹莫展的时候，一个聪明的人灵机一动，想到了一个好主意："我们可以把国王的脚用牛皮包起来，再拿根绳子一系，这样，国王不论走到哪里都踩在牛皮上。”

国王采纳了这个聪明人的“金点子”。不久，“牛皮包脚”迅速地流传开来……这就是现代皮鞋的雏形。

雨伞的由来也非常有趣。

有一回，鲁班和妹妹来到一处林木蓊郁的山区。这儿淫雨成灾，当地山民深受其苦，不管是外出还是劳作都极其不便。

鲁班很同情这里的山民，打算给他们建一些亭子，用来避雨。于是，鲁班对妹妹说：“小妹，咱俩来进行一个比赛吧，看看谁在一天内建的亭子多。”

“好啊好啊，我举双手赞成。”鲁小妹也很想和哥哥比试手艺。

一天很快过去了，鲁班一共建了十一座亭子，他想：这下我肯定可以得第一了吧。奇怪的是，小妹那边一点动静都没有，莫非她怕赢不了我而放弃了比赛？鲁班感到很疑惑。

忽然，细雨中走来了一个纤纤身影，正是鲁小妹！只见她手里举着一个奇怪的物件——像一个会走路的亭子，又像一朵在雨中漂浮的花，撑起了一小片“没有雨”的天空。

鲁班先是一愣，随即很快会意，连声赞叹：“妙！妙！太绝妙了！我就是建造一千一百一十一座亭子，也比不上这个小小的东西！”

鲁小妹听了哥哥的赞扬，甜甜地一笑：“我给它起了个名字叫‘伞’。你瞧，它可以打开，也可以合拢。有了它，下雨天出门可就方便多了。”

多么有意思！人们不能把每一条道路都铺上牛皮，但只需用一块小小的牛皮包住脚，脚就好像踩在了牛皮上；修筑避雨的亭子费力又费时，但只要带一把小小的雨伞在身边，就像随身携带了一座玲珑又精致的避雨亭。

做个“活”孩子

思考、动脑和创造使我们的生命鲜活而富有生机，让我们的生命之花永不枯萎。

做个“活”孩子？

看了这个题目，你心里可能会嘀咕：我本来就是一个“活”孩子呀。

噢，不不不，我所说的“活”孩子，是指心眼活、点子多、聪明又灵巧的孩子。

我问你，哪种布会唱歌却不能用来做衣服？世界上有没有不吃羊的狼？夜晚数星星时，你会联想起什么？什么比赛只能后退不能前进？还有，如果有一天外星人驾着飞碟光临地球，看见地面上奔驰着五颜六色的汽车，你猜猜外星人脑子里会有什么稀奇古怪的念头？

这些有趣的问题都是用来防止我们的大脑生锈，帮助我们的大脑更加灵活的。同时，在我们动脑筋去寻找这些问题的答案时，我们也会发现，“思索”其实是一件很美妙的事，做个“活”孩子其乐无穷。

记得小学时我的一位老师说过：“一个睿智的脑袋，胜过一百条粗壮的手臂。”她常常告诫我们，死读书是做不了一个

有用的人的，一个人能否成才，关键不在于他小时候考了多少次一百分或是会背多少篇课文，而在于他是否养成了会思考、会动脑的好习惯。

确实，仔细看看我们周围，就会发现，那些有成就的人往往都是点子又多又妙、心思又灵又巧的人。他们所具备的一个共同的特性就是——“活”！正是这些人，改变了这个世界，不断推动着世界的发展。

就好比皮鞋和雨伞，这样的妙点子给我们这个世界带来了多少美与便利。那么，将来会不会有一种鞋子，可以令人健步如飞，日行千里？将来会不会有一种伞，具备神奇的空气调节功能，可以让我们仿若置身于春日的阳光下？

人类大脑所蕴含的能量是惊人的，毫无疑问，这是宇宙间储量最丰富的宝藏，它的价值胜过一切。赶快来开采属于你自己的宝藏吧，相信我，它将带给你无穷无尽的力量，给这个世界带来无与伦比的美。

思考、动脑和创造使我们的生命鲜活而富有生机，让我们的生命之花永不枯萎。

成长小魔棒

让你变聪明的第一个神奇魔法：发明创造。

咒语：做个“活”孩子！

最宝贵的财富

这是一艘寻宝之船，它的目的地是传说中的宝树岛，听说那里的树可以结出一颗颗像苹果般大的宝石。每每想到这里，所有人都会两眼放光。

“海上的日子真是无聊呀！上个月我还穿着镶有二十颗玛瑙的马靴在骑马呢。”一个富商感慨道。

“我平常根本不晒太阳，走到哪儿都有五个仆人打伞，五个仆人端茶递点心。”另一个商人炫耀道。

一个水手安静地听了一会儿，恭恭敬敬地问道：“尊贵的先生们，我想请教一个问题，你们最宝贵的财富是什么呢？”

“当然是黄金啦。”

“黄金算什么，跟我收藏的宝石比起来也太逊色了。”

一个衣着简朴的少年轻声回答：“我最宝贵的财富就是智慧。”

富商们听了他的话，先是一愣，紧接着个个笑得前仰后合。

少年摇了摇头，走出船舱去甲板上吹海风，丝毫不在意那些人的嘲笑。

几天后，他们遭遇了一场罕见的大风暴，寻宝之船被风暴打翻，好在一座孤岛救了他们的命。岛上荒无人烟，放眼望去，只有少量枯枝落叶。

“哎呀呀，我可不想生活在这种连鸟都不愿意生蛋的地方！”

富商们一个个不停地抱怨着，那位少年却镇定地往前走去，他想：如果此时能生起一堆火，大家就可以平安地度过今夜。

温暖的阳光洒在晶莹剔透的冰块上，少年抬起手，阳光穿过指缝洒在他的脸上，暖意顿时从手心传遍了他的整个身体。

“阳光！冰块！我想到办法啦！”

过了一会儿，少年拿着一块形状特殊的冰块回到沙滩上。他用几根树枝将冰块固定在一小堆枯叶之上，阳光穿透冰块聚集在一点，没多久枯叶堆缓缓升起了一缕白烟，大家在旁边开心地喊道：“太好了，点着了。”

这时，富商们才恍然大悟，原来刚才少年是用冰块磨了一面凸透镜。

当大家围着火堆取暖，吃着烤鱼时，所有人都对少年充满了感激。

几天后，一艘游轮经过那里，发现了远处荒岛上的火光，搭救了他们。

分别之际，大家纷纷向这位聪明的少年道谢，其中一位富商感慨地说：“倘若没有你的智慧，我们可能再也无法离开这座荒岛了。如果可以，我愿意用我所有的金银财宝来换取你的智慧！”

少年微笑着向大家挥手道别，此时，海风缓缓吹着，海鸥在远处飞翔，落日的余晖洒满了海岸。

成长点金术

神奇的汤石

世界上有一样东西是任何人都不能抢走的，那就是智慧。

有位少年途经一个小村庄，他饿极了，可身上一分钱都没有。

他悄悄拾起一块光滑的石头，走到几位农妇跟前说：“我有一块神奇的汤石，只要将它放入滚烫的开水中，就会立刻变出一锅美味的汤，如果你们不相信，我现在就煮给你们看。”

于是，有人找来一口大锅，有人提来一桶水，还有人架上炉子和木柴。少年很小心地把汤石放入开水中，然后用汤匙品尝了一口，兴奋地说：“哇！太美味了，如果再加一点葱就更好了。”有个农妇立刻跑回家，拿来几根葱放进

了锅里。少年又尝了一口汤："哇，太好喝了！如果能再加一些萝卜就更好了。"一个农妇从家里拿来一个大萝卜加到汤里。"哇，真是太棒了！如果能再加一些肉丝就更妙了。"又有一个农妇急忙跑回家，将家中晒干的咸肉切成丝，拿来放入汤中。在村民们的多次帮助之下，一锅美味的"石头汤"煮好了。

村民们围在一起，品尝着美味的石头汤，发出赞叹："神奇的石头煮出来的汤，真是好喝呀！"

其实少年手中的石头并没有神奇之处，但是智慧却让它非比寻常。寻宝之船上的富商们虽然拥有无数财宝，但是少年却凭借智慧在关键时刻救了他们。

亲爱的小读者，使人发光的不是珠宝，而是人所拥有的智慧。许多看似华丽的东西会转瞬即逝，不值得我们为之自豪，智慧才是我们一生最宝贵的财富。谁都抢不走我们的智慧，它还能跟随岁月的脚步不断增加，让你我的精神世界越来越富足。

成长小魔棒

让你变聪明的第二个神奇魔法：运用智慧。

咒语：智慧是最宝贵的财富。

聪明的阿凡提

小时候，阿凡提家里很穷。十三岁那年，父亲把他送去大地主阿力旺老爷家做小伙计。

阿力旺是个视财如命的地主，对待伙计十分刻薄。谁想留下来干活，就必须通过阿力旺设置的三道关卡，阿凡提自然也不例外。

阿力旺把阿凡提叫到跟前，说：“倘若你能经受住我的考验，便可留下。”他指了指脚下的地，接着说道：“把这屋里的地搬出去晒晒！”阿凡提心想：任凭我挖多深，这地还是在屋里，怎么能搬出去呢？阿力旺老爷明显是在为难我。他灵机一动，忙说：“老爷，把地搬出去晒不算聪明，直接把屋顶掀了不就好了？”说完，阿凡提找来一把叉子就要掀屋顶。阿力旺老爷赶紧阻止，说：“这地先不晒了。你瞧见那头老牛没？它怀孕了，必须饮井里的清水，你把牛牵到井边喝水去。”

到了井边，阿凡提发现井口很小，只是一块大石头中间凿开的一个圆洞。平时大家都只能放个小铁桶下去打水，牛头根本伸不进去，更别说牛头上还有两只大牛角。

阿凡提这下犯了难，牵着老牛在井边直打转。阿力旺在一旁催个不停："我的牛渴了，快让它喝水。"

阿凡提转转眼珠，把牛往树上一拴，从工具棚里找来把锯子，不管三七二十一抓住牛角就锯。阿力旺惊讶得半天说不出话来，吼道："你要害死我的牛吗？"阿凡提一脸无辜地解释说："井口太小，不锯掉牛角，牛头就伸不进去嘛。"为了保住老牛，阿力旺老爷只好向阿凡提妥协，允许他用铁桶打水。

牛正喝着水，阿力旺老爷忽然大喊道："羊跑到麦地里了，麦子刚抽穗，快，快给我去赶羊！阿凡提放下手中的牛绳，刚要往麦地里跑，就被老爷叫住了："你不能踩到麦秆，不能碰掉一颗麦穗，否则，你就不能留下来。"

就算再怎么瘦小的人也无法办到呀，阿凡提知道阿力旺又在为难他，思考片刻，计上心来。他拿出一把大弹弓，找来一块有棱有角的石头，瞄准麦地里的羊就要射。阿力旺老爷傻了眼，急忙抓住阿凡提的手，说："你这样做，我的羊还能活吗？"

无奈之下，阿力旺只好答应让阿凡提留下来。

阿力旺老爷是个出了名的"铁公鸡"，常常克扣工人的工钱。在阿力旺老爷家，阿凡提生活得很不开心。于是，他努力攒钱，终于在乡里开了个染坊，给乡亲们染布。

阿力旺老爷见大家都夸阿凡提的布染得好，十分妒忌，想要刁难他一下。

一天，阿力旺老爷带着一匹布来找阿凡提，说："听说你

的布染得好，能不能也给我染一染？”“你要什么颜色？”阿凡提问道。“我要染这样一种颜色。它不是红的，不是绿的，不是黄的，也不是蓝的，不是紫的，不是黑的，连白的也不是……不知道这种颜色你能不能染？”阿力旺老爷扬扬自得地说道。“当然能染，染完后保你满意。”“什么？你能染？那好。我取布的日期是哪一天呢？”“日期嘛，”阿凡提微微一笑，顺手把布扔到柜子里，“不是礼拜一，不是礼拜二，不是礼拜三，不是礼拜四……更不是礼拜日。老爷，到了那一天，你就来取吧！”阿力旺老爷一听，脸色顿时变了，只好灰溜溜地离开了。

巧搬图书

随机应变是才智的试金石。

——[法]莫里哀

图书馆的新馆落成了，老馆长却开始发愁，怎么把旧馆的书全搬过去呢？请搬家公司得花上一大笔钱，可是修新馆已经把老底都掏空了，图书馆再也拿不出一分钱。

雨季就要到了，倘若再不搬，旧馆的很多书都会遭殃。老馆长急得都失眠了。

一天，一个小伙子恰巧听到老馆长的抱怨。他微微一笑，对老馆长说："我有个办法可以把旧馆的书搬到新馆去，而且不用您花一分钱。"没过多久，旧馆的书真的不花分文就被搬到了新馆。

原来，报纸上登出了这样一条消息："图书馆旧馆的书无限量供市民借阅，但是借阅者必须将书归还至新馆。"

这个小伙子和阿凡提一样，都非常聪明机智。他们这么聪明，难道都是天生的吗？

其实，只要我们开动脑筋，也能想出好办法。

你的小脑袋就像是一台小机器，多运用，多思考，它才能越来越灵活。思维能力是需要锻炼的，亲爱的小读者，多参与一些益智活动，比如拼图、围棋、辩论赛……相信你的智慧羽翼也会悄然出现，变成像阿凡提一样聪明的人。

成长小魔棒

让你变聪明的第三个神奇魔法：随机应变。

咒语：锻炼思维，增长智慧。

七十四次赛跑

初秋的一天，刺猬先生醒得很早，他打算去田野里走走，顺便看看地里的萝卜。半路上他遇到了兔子，他愉快地向兔子打招呼：“早晨好，兔子老兄。”

兔子十分傲慢，眼睛看都不看他，问：“你不好好待在家里，跑到田野里干什么？”

刺猬有些不高兴了，说：“我只是早饭前散散步。”

兔子嘲笑道：“就你那小短腿，还散步呢，梦游还差不多。”

这话戳到了刺猬的痛处，他平日里最不高兴别人议论他的腿，因为他的腿确实很短，走路一向很慢。他反驳兔子说：“你跑得快就了不起吗？敢和我来一次赛跑吗？”

兔子觉得刺猬的提议太可笑了，轻蔑地说：“你的腿又弯又短，还敢跟我赛跑！你别傻了。”

刺猬坚持说：“我敢跟你打赌，你肯定跑不过我。”

兔子问：“赌什么？”

刺猬说：“赌一瓶苹果汁怎么样？”

兔子一想到甜甜的苹果汁，马上高兴地说：“那好，我现在就和你比赛。”

刺猬说：“现在不行，我必须回去吃早饭，一小时后我们再开始比赛。”

兔子同意了，在原地做起了热身运动，准备一会儿让刺猬输得心服口服。

回家的路上，刺猬暗想：兔子自以为跑得快就了不起，我一定要教训教训这个傲慢的家伙。

回到家后刺猬对妻子说：“你别忙活了，赶快跟我到田里去。”

妻子问：“发生什么事了，这么着急？”

刺猬说：“我要和兔子赛跑，赌一瓶苹果汁，你去为我助威吧。”

刺猬妻子一听，大哭起来：“你怎么敢和兔子赛跑？肯定会输呀！”

刺猬说：“你不用担心，我自有办法。”妻子听罢，便跟着他上路了。路上，刺猬对妻子说：“我与兔子在田里的两条犁沟上赛跑，各跑各的路。你只要站在那儿别动，当兔子跑过来时，你向他喊‘我在这里’就可以了。”

刺猬来到田野，兔子早就等在那儿了。兔子说：“我等得草都快枯了，快开始吧！”

他们站在各自的犁沟前，待兔子数过“一、二、三”后，就箭一般地飞跑出去。刺猬只跑了一小段，就回到原地悠闲地坐着。

当兔子跑到犁沟的另一头，刺猬已经在那里了，还招手喊道：“我在这里。”兔子大吃一惊，不知道那只刺猬其实是刺猬的妻子，还以为刺猬真的跑得比他快。兔子不服气地说：“我们再跑一次，看谁快。”说完，又风一般地往回跑。

兔子还没跑到出发的地方，刺猬就从犁沟里站出来，喊道：“我早就到了，你真慢！”

兔子眼都急红了，说：“不可能！再来一次，你敢吗？”

刺猬一脸轻松："多少次都行，我奉陪到底。"

兔子就这样来来回回跑了七十三次，可每次刺猬都在终点等着他呢。跑到第七十四次时，兔子累得瘫倒在地里，连爬起来的力气都没有了，只好认输。虽然很不服气，兔子还是给了刺猬一瓶苹果汁。

刺猬拿了苹果汁，叫上妻子，一起愉快地回家了。他们决定好好喝一杯，庆祝一番。

谁的力量大

没有智慧的蛮力是没有什么价值的。

——[俄]克雷洛夫

这就是发生在布克斯特草原上的刺猬和兔子赛跑的故事。从此以后，再也没有兔子敢同刺猬赛跑了。这个故事的作者还幽默地总结出两条教训：第一，你永远不要拿别人开玩笑，即使是一只刺猬；第二，你结婚的时候，一定要娶一个相貌和你完全一样的人，尤其是你打算和兔子赛跑的话。哈哈，是不是很有趣呢？

如果光靠实力，刺猬是必输无疑的。兔子万万没有想到刺猬会用如此巧妙的办法赢得比赛。兔子不仅傲慢，还是个四肢发达、头脑简单的家伙。让我们再来听一个小故事。

一天傍晚，乌龟正在路上缓慢地爬行着，不料挡住了大象的去路。

大象十分恼怒，提高了嗓门斥责他："别挡路，你这个弱小的东西，小心我踩扁你！"乌龟没有丝毫畏惧，反而自信满满地说："别吹牛了，大象先生，你是陆地上最强大的动物，我是水里最强大的动物，我们两个不分上下。"

大象觉得这话很可笑，说道："就你这小身板，我用一只脚就能打败你。你敢跟我比试一下吗？”

乌龟马上答应了，他已经想到了一个教训大象的办法。他跑下山坡找到河马，对他说：“河马先生，你是水里最强壮的动物，我是陆地上最有力量的动物，咱们来一场拔河比赛吧。我敢打赌，我和你一样有劲！”

河马同意了比赛。乌龟取来一根长绳，让河马用嘴咬住一端，听到他喊“预备，拉”就开始用力拉。

乌龟快速跑回山坡，把绳子的另一端递给了等得不耐烦的大象，说：“我喊‘预备，拉’之后，你才能开始拉。到时候你就会发现我们俩谁更强壮了！”随后，乌龟跑到半山腰，找了一个隐蔽的地方，大喊一声“预备，拉”。

山坡上的大象和

河里的河马开始用力拉绳子，他们都发现另一端的对手力气实在太大了。绳子来回移动，实在难分胜负。

最后，他们俩都认为乌龟和自己一样强壮，再也不敢嘲笑乌龟了。

智慧是如此奇妙，弱小的刺猬和乌龟虽然体形小，力量弱，却凭借自己的机智赢得了比赛。

成长小魔棒

让你变聪明的第四个神奇魔法：开动脑筋。

咒语：没有人给我们智慧，我们必须自己找到它。

狒狒评理

猎豹摸着咕咕直叫的肚子外出猎食，可转眼已过晌午，连只蚂蚱都没见到，猎豹饿得有些头昏眼花。

在山路的拐角处，一只巨大的穿山甲躺在那儿，正慵懒地享受着午后时光。猎豹实在太饿了，他悄悄向前靠近，趁穿山甲不注意，一口把它吞下，连嚼都没嚼。让猎豹没想到的是，穿山甲在被他吞入口中之际，立马缩成一个圆球，并竖起全身鳞片，就好像一颗大松果。这下猎豹遭了罪，既不能吞下去，也无法吐出来，穿山甲就卡在他的喉咙眼儿。他只能张大嘴巴，做出仰天长啸的模样，一旦闭上，喉咙就会立即被刺穿。

短短几分钟后，气闷、想吐的感觉便席卷猎豹全身。这时，恰巧有一只豺从这里经过，他看到猎豹正用哀求的眼神望着自己，半张着的嘴里露出一个长满鳞片的巨大圆球。

豺深知猎豹凶残的天性，瞅了几眼便打算离开。当他正要转身时，猎豹用嘶哑的声音叫住了他。

“猎豹先生，您是在请求我的帮助吗？”豺问道。猎豹用力点点头。

“我可以把穿山甲从你嘴里拉出来，但你能保证不吃我吗？”豺小心地问道。猎豹再次点了点头。

猎豹看上去很悲惨，豺心软了。思虑再三，豺决定外加个条件：“你以后捕猎到的动物，能否全交给我呢？”猎豹想了想，一旦答应，今后可得天天吃素，这条件真让他难以接受。这时穿山甲开始不安分起来，扭动了几下，挪了挪位置，猎豹立刻疼得直掉眼泪。在这生死关头，还是保命要紧，猎豹只好答应了豺的条件。

豺睁大眼睛，抓住穿山甲的尾巴，把它从猎豹的嘴里拉了出来。可想而知，猎豹的整个下颚都被刮破了，血流如注。

“瞧你干的好事！”猎豹指了指自己的嘴巴，威胁豺，“准备当我的午餐吧！”“猎豹，你可别忘记刚刚你答应我的事。”豺的声音里流露出一丝害怕。猎豹才不管什么承诺呢，填饱肚子是头等大事。猎豹步步紧逼，豺慌张极了。“你……你太不讲道理了。看，那里有只狒狒，咱们得请他评评理，倘若他也觉得你是对的，那我就甘愿成为你的午餐。”情急之下，豺只能想到这个办法。

豺把事情的经过一字不落地告诉了狒狒，委屈地说道：“猎豹不感激我也就算了，竟还想吃我，天底下哪有这样的事呢？狒狒先生，您帮忙评评理，这是不是猎豹的错呀？”

狒狒顿了顿，说道：“豺，我现在没有办法回答你的问题。只有还原当时的情境，我才能做出正确的判断。”豺觉得狒狒说得有道理，便捡起地上老眼昏花的穿山甲，大步流星地走到猎豹身前，说：“猎豹先生，麻烦张开嘴，让狒狒先生做出正确的判断。”此时，猎豹满脑子想的都是饱餐一顿，二话不说便张大了嘴巴。只听“咔嚓”一声，豺将穿山甲塞回了猎豹嘴里。

“豺，猎豹刚刚就是这样的吗？”狒狒问道。

“是的。”豺回答道，一旁的猎豹也使劲点了点头。

“好了，事情解决了。”狒狒嘴角微微上扬，轻声说道，“豺，我们走，让猎豹再好好尝尝之前的痛苦吧！”

狒狒与豺手拉手，一蹦一跳地走了。

小毛驴运货

世界在改变，知道变通的人才是聪明人。

亲爱的小读者，你听过郑人买履的故事吗？郑人上街买鞋，忘记了鞋子的尺码，便急匆匆回家去取量好的尺码，等他返回街上时，集市已经散了。你一定在心里说：这个人真是傻透了，他宁愿相信量好的尺码，也不相信自己的脚。

我们再来看看另一个笨蛋的故事。

从前，有一头小毛驴驮运盐包去城里。半路上，他在河边喝水时，一不小心掉进了河里。他挣扎了半天，好不容易爬上了岸。“咦，背上的货物怎么变轻了？”小毛驴心想，“看来摔进河里，就能让背上的货物变轻。”

小毛驴一路上开心地唱起了歌，美滋滋地想：除了我，这世上肯定没有第二头驴知道摔进河里就能让货物变轻呢。

一个月后，小毛驴驮着货物再次来到河边。“聪明”的他毫不犹豫地跳进小河，可这回，他再也没能爬上岸。

你知道这是怎么回事吗？原来，小毛驴这次驮的是棉花。

不懂灵活变通的人，真是让人觉得可气又可笑，可叹又可悲。试着改变思维，从不同角度看待事情，让脑筋多转几个弯，这样我们总能找到巧妙的办法，灵活地处理各种各样的问题。

成长小魔棒

让你变聪明的第五个神奇魔法：灵活变通。

咒语：学会变通，别让大脑生锈。

瓶子里的章鱼

冷冷的月光洒向海面，白色的波浪在风中起伏。海面上的船只不停地摇晃，船长吆喝着："收绳收绳！这些愚蠢的家伙足够让我们饱餐一顿了。"

水手们把之前放进海里的瓶子一一提起来："很重呢，看来这次收获不小！"

热带鱼看着渔船远去，却毫无办法，她救不了章鱼小妹。

一个月前，热带鱼在海底和伙伴们玩捉迷藏。在寻找藏身处的时候，她发现了很多空玻璃瓶子，它们悬浮在水中。她想："躲在里面，肯定谁都找不到我。"瓶口很大，热带鱼一下子就钻了进去，没想到她身上闪烁的光，吓醒了一只正在玻璃瓶里酣睡的小章鱼。"真是不好意思，打扰你了，我这就出去。"她摆了摆尾巴，正准备离开。忽然，瓶身剧烈晃动，附近的那些瓶子也在不停摇摆，可周边的海水却很平静。热带鱼觉得不对劲，她仔细瞧了瞧瓶口，发现这些小瓶子都是用白绳子串在一起的。顺着绳子她来到了海面上，看到了远处正在收绳的水手们。

热带鱼赶紧游回了海底，“快醒醒，快醒醒！”她使劲摇了摇睡得正香的小章鱼，“这个瓶子很危险，这是渔民们设的圈套。”小章鱼一听，心都提到嗓子眼了，立刻跟着热带鱼往外游。她们顺利逃脱了。

看着离开海底的瓶子，小章鱼和热带鱼都深深地吁了一口气。“热带鱼姐姐，谢谢你！”“不谢不谢，章鱼妹妹，这种瓶子很危险。可千万记得，下次不能待在里面了。”“嗯！”章鱼小妹认真地点了点头。“我得去告诉其他小伙伴，你也通知一声你的族人吧！再见，章鱼妹妹！”热带鱼摆了摆尾巴，快速离开了。

章鱼小妹把发生的事情告诉了族长，族长却说：“我们藏身于海螺里，在鱼虾经过的时候，伺机捕猎他们。几百年来，哪条章鱼不是这么做的？你听说过躲在海螺里的章鱼遇害的事吗？”章鱼小妹摇了摇头，“对嘛！连海螺那么小的空间，我们都能来去自如，更何况是一个大口玻璃瓶呢？”章鱼小妹

觉得族长说得有道理，就把热带鱼对她的忠告扔在了脑后。

这一天，章鱼小妹躲在海螺里捕猎时看见了一条漂亮的狮子鱼，心中暗喜。可她等待了好长一段时间，狮子鱼却总在那些玻璃瓶周围游动，丝毫没有靠近海螺的意思。

章鱼小妹壮了壮胆子，缩成一团，还是钻进了玻璃瓶里。她仔细观察着瓶子外面的动静，只等狮子鱼一出现，自己就立即发起进攻。

可是，狮子鱼仿佛嗅到了危险，再也没有靠近玻璃瓶。一整天过去了，章鱼小妹累得上下眼皮直打架，心想："我先安心睡一觉，等我醒来，肯定会有狮子鱼游过来的。"章鱼小妹睡着了，她还梦见自己捕获了大量的狮子鱼呢。

"今天真是大丰收呀！"人群的喧哗声吵醒了熟睡中的章鱼小妹。"这是哪里？天哪，我怎么会……"看到身旁的章鱼大伯、章鱼弟弟、章鱼夫人，章鱼小妹顿时惊讶得说不出话来。她流下了悔恨的泪水，可这又有什么用呢？

海洋里的其他鱼类听取了热带鱼的忠告后，全都离那些玻璃瓶远远的。可是，章鱼族却只相信自己的经验，认为玻璃瓶是他们捕猎的帮手。结果，一只又一只章鱼落在了人类手中，可还是有许多章鱼"前仆后继"，说起来，都是老经验害了他们。

成长点金术

开锁大师

昨天的成功经验与辉煌可能是明天成功的阻碍。

有一个叫缇缇尼的开锁大师，他有一手绝活，无论多么复杂的锁，他都能在极短的时间内打开，从未失手。曾经，他为自己定下了一个富有挑战性的目标：不管什么锁，他必须在六十分钟之内打开并逃脱。

一天，有人向缇缇尼挑战。为此，这个人专门打造了一个坚固的铁牢，配上了一把非常复杂的锁。

缇缇尼接受了挑战。他走进铁牢，牢门哐啷一声关上了。缇缇尼取出特制的工具，开始开锁。两个小时过去了，缇缇尼始终没有听到期待中的锁簧弹开的声音。他精疲力尽地将身体靠在门上，结果牢门却顺势而开。

原来，牢门根本没有上锁。

亲爱的小读者，我们学到的知识可以帮助我们更好地解决问题，但是，如果不懂得将已有的经验灵活变通，它们就会像枷锁一样束缚我们的思维，让我们看不清现实中已经改变的诸多条件。用旧思维解决新问题，就像是拿竹篮打水，只会徒劳无功，得不到期望的结果。只有拆掉思维里的墙，才能想出更多更妙的办法。

成长小魔棒

让你变聪明的第六个神奇魔法：打破定式思维。

咒语：拆掉思维里的墙，卸下经验的枷锁。

老太太的妙计

有对老夫妻在湖滨买了一座房子，本想在那儿共度清静的晚年，可是不到一周夫妻俩便发现，几个调皮的孩子天天在他们房子周围追逐打闹，大中午的也不消停，吵得老两口高血压都犯了。

一天，老先生实在受不了了，便生气地对他们说："你们这群捣蛋鬼，能不能安静一会儿，让人睡个午觉？再大声吵闹，我就叫保安来把你们赶跑。"

调皮的孩子们才不把老先生的话放在心上呢，他们冲着老先生做各种鬼脸，笑道："我们偏不走，就要在这儿吵得你不得安宁！"

这帮小鬼仿佛跟老先生唱对台戏似的，吵得更欢了，老先生拿他们一点儿办法也没有。

老太太见了，笑着说："你这样直接赶他们走，效果肯定不好。你瞧着吧，我准保让他们乖乖离开。"

说完，老太太跑下楼，笑嘻嘻地对孩子们说："我喜欢热闹，如果你们每天都到这里玩耍，我给你们每人一元钱。"

几个小家伙拿到了一元钱后非常开心，更加卖力地吵闹起来。

老先生躺在躺椅上，摇着头说：“老太婆，他们这样吵闹，你还给他们钱，世界上简直没有比你更傻的人了。”

老太太只是微微一笑，并不反驳。过了两天，老太太愁眉苦脸地对孩子们说：“我到现在还没收到养老金。从明天开始，每天只能给你们五毛钱了。真对不起，我的宝贝们！”

虽然有些不开心，但孩子们依然会来这里闹，只是热闹劲小了许多。老爷爷惊讶不已，心想：“难道老太婆给钱这办法还真起作用了？”

又过了几天，老太太一脸沮丧地对孩子们说：“实在抱歉，我的小天使们！通货膨胀使我不得不重新计划开支，所以每天只能给你们一毛钱了。”

一个孩子说：“才一毛钱？我才不要浪费时间和精力在这里，我去别的地方玩。”

其他孩子也附和道：“就是，我们去别处玩儿！”他们噘着嘴，生气地离开了。

从此以后，这对老夫妻过上了宁静的日子。每天傍晚，他们静静依偎在一起欣赏日落，日子过得平淡又幸福。

换个角度

有时不走常走的大道，换一条小路走，你会发现前所未见的东西。

亲爱的小读者，碰到令人头疼的问题，你会不会像这位老爷爷一样，感到束手无策呢？

你是不是经常这样想："这道题怎么这么难？我做不出来。""妹妹和我都犯了错，爸爸为什么只教训我一个人呢？爸爸真偏心。""为什么我总是做错事情？难道我是个笨小孩？"遇到这种情况，你不妨试着冷静下来，或许问题的答案就会慢慢出现在你的心里。

碰到一道很难的数学题，试着换一种解题思路，是不是就能解决了呢？被责备的时候，你肯定觉得委屈，但是想一想年长的你可是妹妹的榜样呢，把爸爸对你的责备当成爱你的另一种表达方式吧。做错事情正好可以激发你的潜力呀，有谁一开始什么都会呢？

亲爱的小读者，转换一个角度，打开另一扇窗，看到的会是不一样的风景。换个角度思考问题，各种问题都能迎刃而解，郁闷的心情也会瞬间变舒畅哟！

成长小魔棒

让你变聪明的第七个神奇魔法：换个角度思考。

咒语：聪明就是换种思维方式。

踩出来的路

经过三年的精心施工，令人瞩目的迪士尼乐园马上就要对外开放了。现在唯一令设计师头疼的是——每个景点之间的道路还没有确定一个令人满意的方案。

施工部发电报给正在巴黎参加庆典的设计师格罗培斯，请他赶快定稿，以便迪士尼乐园能够按计划竣工和开放。

格罗培斯是哈佛大学建筑学院的院长，有过许多精美的建筑设计杰作。他攻克过无数个建筑难题，这回却为了小小的路径设计大伤脑筋。对于景点之间的道路，他已经修改了无数次，画了许多图稿，但没有一次是让他满意的。接到施工部的催促电报后，他内心更加焦躁。庆典一结束，他便驱车前往海边，想整理一下思路，争取在回国前把方案定下来。

汽车在乡间公路上奔驰，一路上，他看到许多葡萄园主在路边叫卖采摘下来的葡萄，但很少有人停车购买。当车子驶入一个小山谷时，他看到道路旁停满了车，下车一问才得知，原来这儿有一个无人看管的葡萄园。只要往路旁的箱子里投入五法郎，就可以进园采摘葡萄。

这个葡萄园的主人是一位年迈的老太太，由于无力打理才想出这个办法。起初她还担心没人光顾葡萄园，出人意料的是，在这绵延上百里的葡萄产区，她的葡萄总是最先卖完的。格罗培斯受到老太太这种让人自由选择的做法的启发，顿时有了灵感。他下车摘了一篮葡萄，就让司机掉转车头，立即返回了巴黎。

回到住处，他给施工部发了封电报：撒上草种，提前开放。

施工部虽然有些摸不着头脑，但还是在游乐园的空地上撒满了草种。没过多久，成片的绿草覆盖了整片空地。

在乐园提前开放的半年里，草地被踩出许多小道，有宽有窄，自然优雅。后来，格罗培斯让人按这些踩出的痕迹铺设了人行道。1971 年，迪士尼乐园的路径设计被评为世界最佳设计，至今仍享有盛誉。

室外电梯

此路不通走彼路。

在平凡的生活之中，倘若换一个角度思考问题，我们的思维就会被激活。

美国有一家老字号酒店，由于生意越来越好，一部电梯已经不能满足巨大的客流量。于是酒店请来了工程设计师，研究如何增设新的电梯。

工程设计师们激烈讨论了半天，还是没能得出设计方案。“如果要增加一部电梯，只能在每层楼打一个大洞，这样不仅影响了酒店的正常经营，还影响了酒店内部的美观。”“更严重的是会改变大楼的结构，留下安全隐患。”

正在一旁拖地的清洁工忍不住

插嘴道：“要是每层楼打个大洞，肯定会弄得到处都是灰尘，我们这些清洁工就有得忙了。要不把电梯装在大楼的外面？这样就不用在楼里打洞了。”

建在外边？设计师们从没听过这么疯狂的想法。但他们仔细一想，这样不但可以节省室内空间，还不会影响大楼的结构。想到这里，他们相视而笑，立刻做出了施工方案。施工期间，酒店照常营业，清洁工的活儿也没有增加很多。世界上第一部观景电梯就这样诞生了。

“此路不通走彼路”，有时候打破常规会看到更精彩的风景。就算你的想法不可思议，也不要轻易否定自己的想法。想一想那个清洁工，他的想法不就让人跌破眼镜吗？世界上没有什么事情是不可能的，只要你敢于想象，敢于突破，就能到达成功的彼岸。

成长小魔棒

让你变聪明的第八个神奇魔法：不走寻常路。

咒语：打破常规，通往智慧之殿。

天鹅之梦

“转身，二位脚，举手，跳……”老师一边数节拍一边喊着口令。一个个穿着白色蓬蓬裙的小姑娘宛如一群小天鹅，优雅而活泼。

突然，空气中冒出一个不和谐的声音：“跳芭蕾又苦又累，真是讨厌透了。”原来是米莉，她气冲冲地跑出了舞蹈教室。

妈妈跟在她后面耐心地劝道：“做什么事情都要吃苦。现在吃苦，将来才能穿上漂亮的芭蕾舞裙在舞台上旋转呀。”

“我再也不想练芭蕾了！”米莉坐在衣帽间的长凳上，一边哭一边将芭蕾舞鞋扔得老远。

这次妈妈真的生气了，她大声说：“好，既然你那么讨厌跳芭蕾，舞裙和舞鞋我都拿去送人了，你可不要后悔哟。”

几个月后的一天晚上，妈妈带着米莉观看芭蕾舞剧《睡美人》。柔和的灯光打在舞台上，舞者们像是从童话中走出来的公主，用足尖和优美的动作向观众讲述一个古老又动人的故事。

“原来芭蕾舞可以跳得这样优美啊！”米莉抱着妈妈的胳膊，小声问道，“妈妈，我可以再学芭蕾吗？”

妈妈在心里偷偷地笑起来，这正是她带米莉来这里的目的。现在，目的已经达到，但她了解米莉的性格，如果轻易答应她，说不定过两天小家伙又会变卦呢。妈妈故意板起面孔，回答道：“不可以！”

第二天，米莉一直跟在妈妈屁股后面转：“妈妈，我现在又想学芭蕾舞了，你就让我学吧。”

“不行！上次是你自己说再也不想学了，答应的事情怎么能反悔呢？”

妈妈的拒绝给米莉浇了一盆冷水，她垂头丧气地走了。小姑娘现在满脑子都是芭蕾舞，怎么办呢？她只好偷偷溜到原先学芭蕾的教室外面，透过窗户往里看同学们跳芭蕾舞。她在心中暗暗记住动作要领，打算回去练习。

突然，一只手搭在了她的肩膀上，米莉回头一看，啊，是妈妈！只听妈妈说：“米莉，如果你真心想学，妈妈并不反对。如果你只是一时兴起，那就算了。”

米莉的眼睛里冒出亮光：“妈妈，我也想做一只优雅美丽的白天鹅，我保证再也不怕苦了。”从女儿坚定的目光里，妈妈看到了她的决心。

自由的闲暇时光没有了，取而代之的是反复枯燥的练习。舞蹈教室里，米莉跟着老师认真地学着，每一个转身，每一次踮脚，她都追求完美。

日子过得很快，十三岁的米莉长成了一个亭亭玉立的姑娘。瞧，那只停留在舞台中央的白天鹅正翩翩起舞呢，她转出了一道道美丽的弧线，姿态柔美而挺拔，成了全场的焦点。

凤尾裙

逆向思维可以创造出许多让人意想不到的人间奇迹。

一天，一家时装店的老板抽烟时不小心把一条高档呢裙烧了个洞，这条原本价格不菲的裙子恐怕只能作为残次品卖出去了。店主转念一想，用剪刀在那小洞周围又剪了许多小洞，再加上巧妙的修饰，裙子变得不一样了。

第二天，店主把满是小洞的裙子挂在橱窗里，将其命名为“凤尾裙”。当穿上这条裙子旋转的时候，裙摆就像凤凰的尾羽展开一样。没想到，这个新奇的点子掀起了一阵“凤尾裙”的风潮。

这就是逆向思维的妙处。循规蹈矩容易让思路僵化，得到的往往是司空见惯的答案。死胡同走不通，就反其道而行之，

倒过来思考，问题就简单多了。

亲爱的小读者，勇于打破常规思维方式，尝试着用逆向思维去解决难题，难题就会变得简单。爱逆向思维的你，一定会因为你的新奇想法而变得与众不同，让大家对你刮目相看。

成长小魔棒

让你变聪明的第九个神奇魔法：逆向思维。

咒语：学会逆向思维，给你意想不到的惊喜。

上帝的吻

很久以前，在美丽的哈哈西塔高原上，住着一位勤劳朴实的老爷爷，他以种植苹果为生。高原上的日照时间长，昼夜温差大，因此老爷爷种的苹果非常香甜可口。

这一年，园里的苹果长得格外好。许多外地销售商都慕名而来签订合同，还预付了丰厚的定金。这可把老爷爷高兴坏了。眼看就要过冬了，定金正好可以用来给家里置办新的家具和年货。

本以为一切都顺顺利利的，哪知就在交货的前一天晚上，一场突如其来的大冰雹，给苹果留下了一道道难看的疤痕。

当销售商看到这些有疤痕的苹果时，他们立即取消了合同，并要求老爷爷赔偿他们的损失。

无奈之下，老爷爷只好挑着苹果到集市上去卖。但集市上别人的苹果都是完好无缺的，所以这一天老爷爷一个苹果也没有卖出去。在回家的路上，老爷爷陷入了沉思：如果再想不出一个好办法，过不了多久，苹果就会变坏，到时候可就真的一个都卖不出去了。除了没有疤痕，他们的苹果都不如我的。老爷爷忽然灵光一闪，“对了！疤痕！这不就是高原苹果最大的特点吗？”

回到家中，老爷爷立马对他的苹果进行包装，还在广告牌上写下了一段有趣的文字。

第二天早上，到达集市后，老爷爷把苹果摆好，还加了一个广告牌：“亲爱的顾客，您注意到了吗？我们的脸上有一道道疤痕，因为高原常有冰雹，这是上帝馈赠给高原苹果特有的美丽吻痕。如果您喜爱高原苹果的美味，那么请认准我们正宗的商标——疤痕。”

广告牌上的文字一下子吸引了人们的目光，许多人都抢着买老爷爷的苹果。一个商人尝过苹果后，收购了老爷爷的所有苹果，而且他给的价格比之前的销售商给的价格还要高出一倍呢。

老爷爷的苹果不仅卖了个好价钱，还出口到海外。谁不爱被上帝亲吻过的苹果呢？老爷爷的日子过得自然是一天比一天好啦。

十二块劳力士

如果不出奇制胜，怎能化腐朽为神奇？

劳力士是世界著名的钟表品牌，可当日本的石英表涌入市场后，劳力士备受冷落，大量积压。劳力士总裁海尼格只留下十二块表，并对外宣称是“劳力士限量珍藏版”。

为此人们争相竞价，最终，这十二块劳力士拍得了一百三十万的高价，挽回了劳力士的所有损失。海尼格的这种做法不也是另辟蹊径吗？

亲爱的小读者们，你们发现海尼格和高原老爷爷的相同之处了吗？苹果因为有疤痕卖不出去，劳力士因为大量积压面临巨大亏损，可他们并没有在这些困难面前退缩，而是选择勇敢面对，想出新颖的办法，出奇制胜。别出心裁的点子让他们取得了意想不到的成功。

亲爱的小读者们，我们的生活不可能总是一帆风顺的，也可能会遇到类似老爷爷和海尼格遇到的问题，甚至是更大的挑战。在面对困难的时候，要冷静，可不能慌了手脚。开动你的小脑瓜，仔细想想解决办法，一个与众不同的点子就会成为你出奇制胜的法宝哦！

成长小魔棒

让你变聪明的第十个神奇魔法：另辟蹊径。

咒语：山重水复疑无路，柳暗花明又一村。

羊羔与麻子花

东汉末年，一个牧羊人常常在山坡上放羊。山坡上长满了鲜嫩的青草，还开着红色、白色或紫色的花，人们把这种植物叫作“麻子花”。羊群三三两两地凑在一起吃草，有时也会把这些漂亮的小花吃进嘴里。

一只小羊羔走到了山崖边，它只顾着低头吃草，没看见脚边就是悬崖，一不小心就从山崖上滚了下去。清点羊的数量时，牧羊人发现少了一只小羊羔，便赶紧去寻找。

牧羊人在山崖下找到了小羊羔，它的肚皮被山崖上的石头划开了一条长长的口子，流了好多血。幸运的是，它并没有死，而是昏过去了，嘴里还含着一些嚼了一半的麻子花。

牧羊人很心疼这只可怜的小羊羔，便赶紧把它抱回家并请来了医生。小羊羔肚子上的伤口大得吓人，医生拿着针线，试着帮它把肚皮缝合起来。一根细细的针，带着长长的丝线，一次次穿过小羊羔的皮肤，光是看着都让人觉得疼痛难忍。令人惊讶的是，在缝合伤口的时候，小羊羔连叫都没叫一声。不久，小羊羔的伤好了，牧羊人又能带着它一起去山坡上晒太阳了。

那位医生是一个喜欢观察和思考的人，他认为小羊羔在缝合伤口时没有叫，说明它当时感觉不到疼痛，这很可能是它嘴里含着那些麻子花的缘故。

为了将事情弄清楚，医生在牧羊人的带领下找到了麻子花，并把这种植物带回家亲自验证。原来，这种植物具有很好的麻醉镇痛效果，尤其是它的果实，麻醉效果极佳，这可是一项特别重要的发现。后来，这位医生在配方中又加入其他的麻醉药物，熬制成一种药效良好且使用方便的麻醉剂。

这位医生就是“神医华佗”，他发明的这种麻醉药物叫作“麻沸散”。为病人开刀做手术的时候，华佗就会给病人使用麻沸散，以减轻他们的痛楚。

成长点金术

地铁的来历

一切不可思议的发明创造，都来源于生活和自然。

亲爱的小读者，想必你也有同感：城市越来越繁华，人也越来越多，高楼就像雨后春笋般从城市的各个角落冒出来。在发展的同时，城市也越来越拥堵。为了解决拥堵，许多大城市出现了一种新的交通工具——地铁。

地铁真是人类最伟大的发明之一。它跑得又快又稳，十分安全，给人们的交通出行和日常生活带来了极大的便利。你知道地铁是怎么发明出来的吗？

19 世纪中叶，在世界最繁华的城市之一伦敦，有个叫查尔斯·皮尔逊的年轻人，由于每年都要处理很多交通事故引起的纠纷，因此他非常关注伦敦的交通拥堵问题。

一次他来到乡下，看见田野边有一些黑黑的小窟窿，那是田鼠打的洞。突然间，他灵光一闪："我们的房子、道路都建在地面上，所以才会那么拥挤。如果能像田鼠一样，修建一些地下通道，不就不会那么拥挤了吗？"

经过长时间的研究和反复论证，他终于设计出一种地下轨道。但是很多人并不看好他的发明："人为什么要像田鼠一样钻到地下去？这太滑稽了！”还有市民担心地说：“在地底挖出那么宽的一条通道，要是路面塌了可怎么办？这真是太危险了！”

面对大家的嘲笑和质疑，查尔斯依旧坚持自己的研究。

终于，1863年，世界上第一条地下铁路在伦敦正式建成并投入运营。至今，地铁仍是伦敦最重要的交通工具之一。

亲爱的小读者，现在你知道了地铁是怎么发明出来的吧？没错，灵感来自田鼠！其实，很多发明的灵感都来源于自然。例如，发明飞机的灵感来自于振翅而飞的小鸟，发明船和游艇的灵感来源于鱼类和海豚……只要勤于观察生活和自然，你也能发现许多有趣的小秘密哦。说不定，你就是下一个发明家呢！

成长小魔棒

让你变聪明的第十一个神奇魔法：勤于观察。

咒语：勤观察，善思考，多创造。

偷食

春秋战国时期，孔子带着弟子周游列国，传播礼义与儒家思想。有一次，孔子受到误解，被困在陈国和蔡国一带。

没过多久，干粮就吃完了，三餐只能用野菜来填饱肚子。连续七天，大家一粒米饭也没吃过。颜回望着疲惫不堪的老师，心中既担心又焦急。

再这样下去，大伙恐怕撑不了几天。颜回是个读书人，向别人讨取食物这种事，他是十分不情愿去做的。但是为了老师，颜回也只好放下尊严。

一天，颜回从一户农家要到了一些白米，开心地一路小跑回来。众弟子看到颜回带回了白米，纷纷过来帮忙，有的去拾柴，有的去生火，大家忙得不亦乐乎。

没过多久，一股饭香味扑鼻而来。颜回掀起锅盖，抓了些白饭塞进嘴里，这一幕恰巧被孔子看见。可是，孔子装作什么都没看见，也没有上前责问，而是默默地坐回马车里，但他的脸色有些凝重。

等到开饭的时候，颜回快速走到马车旁边，恭恭敬敬地说：

“老师，米饭已经备好，请您下来食用吧！”孔子缓缓走下马车，假装若有所思地说：“颜回呀，我刚刚梦到祖先。我想把干净的还没吃过的米饭，先拿来供奉祖先。”孔子端起已经盛好的米饭，正打算作揖，颜回顿时慌张起来，说：“老师，不可以！这锅饭我已经先吃了一口，不能用来供奉祖先。”孔子问道：“你为何要先吃呢？”颜回低着头，涨红了脸，低声说：“刚才我在煮饭时，不小心掉了些灰在锅里。弄脏的米饭丢了太可惜，我就抓起来先吃了。老师，我不是故意的，请您原谅！”孔子一听，才知道自己错怪了颜回，便立即当众向颜回道歉。

成长点金术

天使在人间

用思索拨开眼前的层层迷雾，最真实的本质便会显现。

一天夜里，一位天使下凡来到人间。他找到一位年轻人，并把自己的真实身份告诉了他。

晚上，他和这个年轻人一起借宿在一个富人家里，可富人对他们很冷淡，不但没有提供晚饭，还让他们去住冰冷的牛棚。入睡前，天使发现墙上有个洞，便把它给堵了起来。

第二天夜里，他们借宿在一户农家。农夫热情地请他们进来，农妇为他们准备了丰盛的晚餐，还把家里唯一的床让给他们睡。

一大早，农妇的哭声吵醒了年轻人。原来，农妇家里仅有的一头奶牛在头天夜里死了。

年轻人知道这件事后，生气地对天使说："富人对我们的态度那么冷淡，你却帮他补墙上的洞；农夫一家对咱们就像亲人，你却不帮他们保住珍贵的奶牛。你这样做还配当天使吗？"

天使回答道："洞的另一边是一座金山，我堵住了它，富人就看不到了。昨夜，死神要带走农妇，我让奶牛代替农妇跟着死神走了，这才救了农妇一命。"

年轻人不好意思地低下了头，想向天使道歉，却发现天使已经离开了。

很多时候，我们看到的可能只是全部事实的一个片段。如果你用一个片段去看待整件事情的话，那你陷入误区的可能性就会很大。

你瞧，就连“圣人”孔子也会犯错，更何况平凡的我们呢？在生活中，常常有人由于只看到一个片段，而没有加以分析就错怪别人，导致产生误会。所以，我们在处理事情的时候，可

不能只看表面哟！

亲爱的小读者，生活中有各种各样的信息。但是，哪些是真的，哪些是假的，哪些有用，哪些没用，都需要你自己去分析和判断。这时候，你的小脑瓜就变成了一个信息加工处理器，只有认真思索，学会分析，才能找出正确的、有用的信息。倘若只看表象，不加以分析，就看不清事情的真相。

成长小魔棒

让你变聪明的第十二个神奇魔法：深入了解。

咒语：不看表象，深度分析。

“困”字趣说

东汉末年，有个叫徐童的孩子，他聪明伶俐，大人们都很喜欢他。一天，一位叫郭宗林的老先生邀请，徐童来家里做客。刚踏进郭府，徐童便瞧见一群人围着院中的一棵大槐树，你一言我一语，有的拿着斧头，有的拿着锯子。老先生见徐童来了，便问他：“我正发愁呢，你帮我想想，怎样才能不费力地砍掉这棵树呀？”说完老先生眉头紧锁，一脸愁容。

大槐树枝繁叶茂，树干很粗壮，要七八个人才能勉强合抱。多好的树呀，为什么要砍掉它呢？徐童想不通，问道：“郭老先生，这树多像一把巨伞呀，冬天可以挡风避雪，夏天能带来阴凉，不如留下它吧。”

老先生摆摆手说：“你不知道，我最近在看一本书，书中说，院子就像是一个四四方方的‘口’字，木居其中，岂不是个‘困’字吗？这可不吉利呀！我不想生活在困境当中，这才要砍掉它。”说罢，老先生一边吩咐下人赶紧动手，一边领着徐童往书房走去。

老先生的一席话让徐童感到非常可笑，这么荒谬的“书中

道理”，怎么能相信呢？

徐童想到了一个办法。他突然停下脚步，轻声说：“老先生，我最近也看了一本书。”

“哦？内容如何呀？”老先生捋了捋花白的胡子，好奇地问道。

“这本书里也提到了关于庭院构造的问题。它说房屋造得方方正正，类似个‘口’字，人居住在里面，就更不吉利了。您想呀，‘口’中住人，那就是个‘囚’字，谁愿意被囚禁，整日生活在牢笼里呢？老先生，看来您得搬家，哦，不，是不能住在四四方方的屋子里了。”

老先生瞧着徐童一本正经的样子，先是一愣，稍后才明白过来，心想：哪里的屋子不是四四方方的呢？不住在屋子里，难道要住到大街上去？这小娃娃是话里有话呀！

郭老先生是个聪明人，他笑着说：“你说得对，这书中道理不可盲从，不然我就真得住到大街上去啦！”两人会心地哈哈大笑起来。

把徐童领进书房后，老先生连忙跑到大槐树下让下人们赶紧停手，并说道：“书中道理不可尽信，这根本就没有什么不吉利的。”

成长点金术

蜜蜂的秘密

善于思考的人脑子里永远有一个问号。

亲爱的小读者，很多时候，老师说的不一定完全正确，书上写的也并非全是真理。我们要有自己的判断力和思考力。对一件事情缺乏分辨和判断的能力，很容易让我们陷入困境。

书上说，蜜蜂是靠拍打翅膀发出声音的，然而，十二岁的农家小女孩聂利却对这一说法提出了质疑。

聂利喜欢到养蜂场玩。一次，她凑近观察一只正在采蜜的蜜蜂，回想起课堂上老师说的话：蜜蜂、苍蝇、蚊子这一类昆虫都没有发声器官，它们能发出嗡嗡的声音，是因为它们的翅膀在高速振动。可是，眼前这只停在蜂箱上的蜜蜂，翅膀并没有动，为什么还会发出嗡嗡的声音呢？难道它有其他的发声器官吗？

聂利从图书馆借来百科全书查看，书上清楚地写着蜜蜂是没有发声器官的，科普读物和教材上说的就一定对吗？爱刨根问底的聂利感到很疑惑，决定把这件事弄个明白。第二天，她把自己的发现告诉了老师，老师也十分惊讶，但没有随便下结论，还帮聂利设计了一个实验方案，鼓励她动手实验，找出事情的真相。

在老师的帮助下，聂利进行了很多次实验。先是粘住蜜蜂的翅膀，之后又剪去蜜蜂的翅膀，用放大镜仔细观察。后来，聂利终于得出了蜜蜂是通过翅膀下的小黑点发声，而不是通过翅膀振动发声的结论。她还把自己的发现写成了科学小论文，在第十八届全国青少年科技创新大赛中获得了银奖。

以中科院昆虫研究所邓希贤院士为代表的大赛评委会对聂利做出了三点评价：一、“不唯书、不唯上”的怀疑精神和逆向思维非常可贵；二、实验过程和操作方法具有严谨的科学性；三、整个实验以科学思想为指导。大赛授予聂利优秀项目“银奖”以及“高士其科技创新奖”。

生物学家都没有发现的奥秘，竟然被还是小学生的聂利发现了。不仅如此，她还推翻了教科书上的“常识”呢！

亲爱的小读者，善于思考的人脑子里永远有一个问号。当你敢问为什么，敢于探求真理，并时刻带着问号思考，你的判断力会不断提高。在这个过程中，请对盲从说再见，做一个有主见的人。

成长小魔棒

让你变聪明的第十三个神奇魔法：敢于质疑。

咒语：保持理智，不盲从。

九连环

已经好几天了，始终没看到南诏国的使者有什么举动，北原国国王觉得十分奇怪。

又过了一周，南诏使者走进了王宫，后面还跟着几个仆人。行过跪拜礼后，南诏使者恭敬地说：“尊敬的国王陛下，这是我南诏的宝物之一，俗称九连环，它最大的特色就是环环相扣。不知国王陛下能否派出一人来将其解开。”国王听了，立即向大臣们发问：“你们之中，有人能解开这九连环吗？”然而，大殿之上鸦雀无声，无人应答。国王震怒，大声说道：“难道我北原大国就没人可以解开此物了吗？”群臣连忙你推我，我推你，却还是没人应答。最后，大家一致推选智多星司马毅去试试。

司马毅拿着九连环左看右看，扭来扭去，可是九连环却好像更紧了，急得他汗水直流。他叫来两个大力士，让两人分别抓住九连环的一头，使劲拉。可是无论大力士怎么使劲，九连环非但没有拉开，两人反而因为用力过猛在大殿上摔了个四仰八叉，群臣都忍不住哈哈大笑起来。司马毅只好又尝试用木棒

撬，甚至用牙齿咬，却仍然没有解开九连环。

这时，一旁的南诏使者嘲笑道："人们都说北原国人才济济，现在看来也不过如此嘛。"突然，司马毅灵机一动，上前说道："陛下，大殿之内无人可解，不代表全国无人可解。我们不如向全国民众公开征选，找到能解此环的人。"国王表示赞同，当即命人贴出了悬赏令。

没过几天，一个年轻人来到王宫，声称自己能够解开这九连环。他拿起九连环端详了一会儿，笑了笑说："解开这九连环很简单，请陛下赐我一把刀吧。"众人觉得奇怪，这人葫芦里究竟卖的是什么药呢？

年轻人将九连环放在地上，拿起刀狠狠地砍去，原本紧密缠绕的九连环果然被砍碎而分开了。大殿内的人顿时目瞪口呆，国王却突然放声大笑，拍手称道："好，好！"大臣们这才缓过神来，纷纷对这个年轻人竖起了大拇指。

南诏使者气愤地说道："这是我们南诏国的宝物，怎么能这样随意破坏？"年轻人反问道："使者您只说要解开九连环，并没有限定用什么样的方法。只要能解开不就行了吗？"南诏使者哑口无言，只好闷声离去。

化难为易

最简单往往最有效。

亲爱的小读者，当我们遇到难题时，很可能会陷入一种苦恼的境地，无论怎么想，也想不出一个好办法。这时候，我们不妨尝试一下剖析问题，化难为易。

一次宴会上，有位客人嘲讽哥伦布，说他只是运气好，才碰巧发现了新大陆。对于那人的攻击，哥伦布不以为意。他默默拿出一个鸡蛋，礼貌地问道："尊贵的先生，您一定是个有无穷智慧的人，想必您也一定能让这个鸡蛋立在光滑的桌面上吧？"客人傲慢地瞥了哥伦布一眼，接过了鸡蛋。可是不管他用什么办法，就是无法将鸡蛋立起

来，他只好放弃了。

客人气愤地说：“这根本就不可能做到，你怎么能存心刁难一位绅士呢？”哥伦布笑了笑，拿起鸡蛋，往桌面上用力一磕，蛋壳破了，鸡蛋稳稳地立在了桌面上。客人再也不敢作声，在场的其他人都向哥伦布投去了赞赏的目光。

面对棘手的问题，不妨换个角度去思考。复杂难解的问题，我们并非无法处理，只是还没将它简单化。

年轻人将九连环直接劈烂，轻轻松松地解决了问题，大臣们却陷入了如何逐一解开环的苦恼中。想让鸡蛋立起来，只要把它打破即可，而那位客人却左思右想仍然无法做到。

所以，当我们在生活中遇到问题时，应该认真分析，寻找突破口，将复杂的问题变得简单易行。有时候，最简单的方法往往就是最有效的方法呢！

成长小魔棒

让你变聪明的第十四个神奇魔法：化难为易。

咒语：最简单的方法往往能解决最复杂的问题。

找怀表

月光铺子的老板有许许多多的宝贝，他最珍爱的是一块老怀表，每天他都要拿出来擦拭，并给它上弦。

突然有一天，他发现心爱的英式怀表不见了，这可把他给急坏了。只见他又是翻柜子，又是拉抽屉，一会儿站在凳子上，一会儿又趴在地上……他几乎找遍了房间里的每个角落，可就是没有找到那块怀表。

富商忙活了半天，累得不行，便把家里所有的仆人都叫来一起找。大家仔细搜寻了半天，最后还是白忙活一场。他很不甘心，于是贴出告示，谁能找到怀表，将重金酬谢。

第一个来的人是个大力士，他对富商说：“你的怀表肯定是掉在哪个角落里了，我

把所有的柜子和箱子都搬起来，准能发现你的怀表。”

大力士环视了一圈，挑了最大最重的那个柜子，“嗬嘿”一声，他就把柜子搬了起来。富商一边赞叹，一边跑过去察看，却失望地摇摇头说：“没有。”大力士又搬了好多大柜子和大箱子，但都没有找到怀表。忙活了好久，大力士的力气也用尽了，只好垂头丧气地离开了。

接着，又来了一个带着巨大吸铁石的人。因为吸铁石太重了，这个人走路说话时不得不一直弯着腰，让人看了觉得十分好笑。他对富商说：“我的吸铁石能吸住所有金属，肯定能把你的怀表找出来。”富商表示赞同，带他进了藏宝贝的房间。这个人一走进房间，就往左边 一个黑色的大箱子移过去。只见他使劲拽着自己的吸铁石，像是被什么奇怪的力量拖着，最后整个人都趴在了箱子上。他连忙站起来，想把吸铁石拽下来，却怎么也拽不动。原来那个黑箱子是用精铁做的，里面存放着富商攒下来的金币。那人急着要取下自己的宝贝吸铁石，哪里还会想着找富商的怀表呢？

后来，又来了一个拿着放大镜的人。这个人对富商说：“怀表太小了，找起来很困难。我的放大镜可以把东西放大几十倍，这样就很容易找到怀表了。”透过放大镜，富商就连墙角的蛛丝都看得一清二楚，他心想，这次一定能找到怀表。

于是，这个人也被带到了房间里。他趴在地上拿着放大镜一点点地挪动着。突然间，他看到了又大又长的“怪物”，它

全身都长满了长
长的脚，正在蠕动。
这人吓得从桌子底下滚了出
来，放大镜也摔碎了。富商不知道
发生了什么事，走过去一看，原来是一条蜈蚣。

富商很失望，认为怀表再也找不回来了。就在这时，一个男孩来到他家，说：“我有信心帮你找到它。”

“你？”富商怀疑地问道，“我请了那么多能人都没找到我的怀表，你一个孩子凭什么这么说呢？”

“那是因为他们太笨啦。你就相信我吧，我保证能帮你找出来。”男孩笑嘻嘻地说。

富商想了想，带男孩来到了藏宝的房间。男孩搬来一把椅子，静静地坐下来，似乎在倾听着什么。

夜幕降临，喧闹的城市也逐渐安静了下来。“嘀嗒，嘀嗒……”一个小小的声音传入男孩的耳朵里。他轻轻地站起来，像只小猫一样，蹑手蹑脚地跟着声音寻去，最后在一个精美的大花瓶前停了下来。他把耳朵贴在花瓶上听了半天，然后把手伸进瓶子里探了探，果然找到一个四四方方的盒子。男孩拿出盒子，打开一看，一块闪着银色光芒的怀表躺在里面，细细的指针正随着有节奏的嘀嗒声转动着。男孩得意地笑了起来。

富商拿到怀表既高兴又惊讶，就问他：“你是怎么想到这个方法的？”

“我想，钟表只要会走，那就一定会发出‘嘀嗒嘀嗒’的声音。”男孩回答道。

富商称赞他真是一个聪明的孩子，奖励了他二十个金币。

成长点金术

树洞取球

走对路才能顺利到达目的地，用对方法才能成功解决问题。

北宋时期，有个聪明的孩子叫文彦博。他特别喜欢和朋友们一起踢球。

这一天，文彦博又在跟小伙伴们踢球了。大家你争我夺，球在伙伴们的脚下飞快地传来传去。正玩得热火朝天时，一个小伙伴竟然一脚把球踢进了一棵大树的树洞里。

“糟了！”大家惊叫了一声，跑过去凑近树洞口向里张望。里面黑乎乎的，什么也看不见。一个胆子大点的小伙伴自告奋勇地对大家说：“我来试试！”只见他挽起衣袖，身子趴在洞口，将手臂伸进黑洞里四处摸索。过了一会儿，他把手收回来，郁闷地说：“这个洞太深了，我够不着。”

有一个小伙伴找来一根长棍子，伸到洞里去又探又拨，可树洞里弯弯曲曲的，还是无法将球取出来。

其他的小伙伴急了，赶紧去向大人们求援，可是大人们望着又黑又深的树洞，也想不出什么好办法。

就在大家都束手无策的时候，在一旁沉思的文彦博看见附近池塘里的鸭子，脑子里灵光一闪，有了主意：“我有办法了，

大家回家去拿盆和桶来装水，向树洞里灌。”

小伙伴们听了，赶紧从家里找来盆和水桶等工具，到池塘里装满水，开始向树洞里猛灌，“咕嘟，咕嘟”，树洞很快就被水灌满了，球从洞口浮了出来。大家都非常高兴，直夸文彦博聪明。

文彦博从小就养成了善于思考的好习惯，遇到问题会首先思考解决办法。长大后，文彦博成了北宋著名的宰相。

我们都知道每一把锁都有属于自己的一把钥匙，只有正确的钥匙才能打开它。同样，每一个问题也都有各自的解决方法。只有用正确的方法，才能很好地解决问题。亲爱的小读者，下一次遇到困难或问题时，你千万不要心急，一定要先看清楚这是一把什么样的锁，找到那把正确的钥匙再去“开锁”哦！

成长小魔棒

让你变聪明的第十五个神奇魔法：用对方法。

咒语：遇事先思考，方法是关键。

导演的秘密

最近，动物参演的电影开始流行起来。苏导演和李导演几乎在同一时间开始了新电影的拍摄准备。

苏导演选择了一只威猛的大老虎。它“嗷”地一声长吼，方圆几百米都能听见，别提有多霸气了。这只猛虎是剧组唯一的动物演员，大家都对它抱有极高的期待，希望它能成为最得力的票房帮手。

每天，驯兽师都对老虎进行反复训练。但是，老虎总是学了新动作，又忘了旧动作。不是老虎太笨，而是要学的动作实在太多。

苏导演计划先训练好动物，再跟演员合作，等配合默契之后，就正式开拍。可是第一个步骤就花费了很长时间，等到正式开拍时，老虎都累得提不起精神来了。

李导演选择的动物则是一只大白狗，在影片中扮演“神犬”的角色。但奇怪的是，电影中明明只有一只“神犬”，李导演却找来了三只外形一模一样的大白狗,并对它们同时进行训练。

有人说：“光训练一只就已经很麻烦了，居然还要同时训练三只，这不是浪费时间和精力吗？”

李导演却笑了笑，说：“我这么做自然有我的道理。”

没过多久，李导演就宣布正式开拍了。大家都觉得很惊奇，“这么快就将动物演员训练好了？”

李导演吩咐大家做好准备，笑呵呵地说：“这可是我的秘密，等会儿你们就知道了！”

等到拍摄时，大家才恍然大悟。原来，李导演把三只大白狗分成三组，分别训练不同的动作，并采用分组的方式进行拍摄。这样一来，不仅没有浪费时间，反而省了不少事。由于有三只狗来表演神犬，动物演员也不至于太累，可以保持足够的精力完成那些高难度动作。

很快，李导演的现场拍摄工作顺利完成，剧组将所拍的电

影片段剪辑合成，一部新颖的动物电影上映了。

电影里的“神犬”又是开门关窗、取花送报，又是飞奔似箭、追捕小偷，大家都对它啧啧称奇，纷纷赞叹它聪明。

李导演的新电影赢得了观众们的一致好评。而此时，苏导演的“猛虎”电影才拍了不到一半呢。

成长点金术

第二十五个小时

开始要有设想，结果才能理想；
有打算须多盘算，不失算才最合算。

亲爱的小读者，也许现在的你和曾经的我一样，经常对“作业太多”“学习太忙”“时间不够用”等等问题感到苦恼。即使花上许多时间和精力，还是无法完成全部的事情，恨不得一天能多出几个小时。

然而，上帝是公平的，他给每个人的时间

都是一天二十四个小时，谁也不多一分，谁也不少一秒。不同的人对这二十四个小时有不同的安排，因此结果也大不相同。有的人花费了许多力气和时间，收到的成效却很小；有的人却能用更少的精力和心思，获取双倍的成果。

或许一天可以再多一个小时，只不过，这“第二十五个小时”是你自己挣给自己的。小读者们，如果你想获得第二十五个小时，那么“事半功倍”这四个字可以帮到你。

成长小魔棒

让你变聪明的第十六个神奇魔法：事半功倍。

咒语：计划一小步，成功一大步。

机智小少年

唐朝年间，一个元宵之夜，一位老仆人背着一个小男孩走在大街上，观赏满街的花灯。花灯样式新颖，变化万千，让人目不暇接。走过几条街后，小男孩看累了，趴在老仆人的肩头睡着了。

街市上的人们肩膀挨着肩膀，脚跟碰着脚尖，声音也格外嘈杂。一个陌生男人看准时机，趁着老仆人一不留神，熟练地将小男孩转移到自己背上，并悄悄地离开街道，往灯光昏暗的

地方走去。

老仆人只顾着赏花灯，根本没留意到背上的孩子已经被人抱走了。

不一会儿，小男孩醒了，看到眼前不是热闹的街市，背着自己的人也不对劲儿——衣服和头发都和老仆人的不一样，小男孩立刻意识到自己遇上了坏人。

他没有出声，冷静地盘算着如何从坏人手里逃脱。陌生男人丝毫没有注意到自己帽子上的装饰品已被小男孩偷偷摘下了，只急于将他带到僻静无人的地方。

正当陌生男人转进一条巷子时，迎面走来一个壮汉。小男孩突然高声大喊：“大伯救我！大伯救我！”陌生男人一听吓了一跳，放下孩子撒腿就跑，消失在了巷子尽头。壮汉问清了情况，把小男孩交给了衙役。

小男孩掏出之前从陌生男人帽子上摘下的饰物交到衙役手里，说：“这是我从那坏人帽子上取下的，凭这个就可以抓住他。”衙役立即派人封锁所有路口，搜捕陌生男人，很快就在人群中发现了他。

案件处理完以后，衙役将小男孩送回了家。男孩母亲一把将他揽入怀中，说："你可吓死娘了！"原来，老仆人发现男孩丢了之后，四处寻找都没有结果，赶紧回府报信。全府上下正处在一片慌乱之中，看到小男孩平安回来，一家人都松了口气。

你知道这个小男孩是谁吗？他就是后来大名鼎鼎的神探狄仁杰。

狄仁杰破案

用你的慧眼观察，留意生活中的细节。

狄仁杰担任长安知府期间，审阅旧案时看到吴蜚卿的杀人案卷，发现了疑点，于是进行了重新审查，终于为吴蜚卿洗脱了罪名。

事情的经过是这样的。一天夜里，长安城里一位姓贺的妇人被杀，差役勘查现场时，在小院中发现一把小扇。知府发现小扇上有一首诗，下有一行小字“蜚卿吴兄指正”，落款是“王晟”。这条线索立刻吸引了知府的注意力。虽然没有人知晓王晟是谁，但大家都知道吴蜚卿是城里的富家子弟，平日里行为放荡。知府便认定是吴蜚卿杀人无疑，几次审问，他都拒不承认。知府下令严刑拷打，可怜吴蜚卿熬不过酷刑，屈打成招。

有人问狄仁杰如何知道吴蜚卿是被冤枉的，狄仁杰笑了笑，说：“这起冤案其实很明显。我查阅审讯记录时，发现贺氏被杀的时间是四月上旬。那段时间还有些寒气，阴雨连绵，根本用不上扇子。何况假如他来干坏事，怎么会带上这种东西自找麻烦呢？可见，凶手是想用这把扇子嫁祸于人，这是其一。其二，扇子上的题字一般只题名字，不写姓氏，而这把扇子上连名带姓都题了，分明是想转移注意力，以假乱真。我来长安那天，曾在南门外的酒楼避雨，偶然看见了酒楼墙上的题诗。扇面上的题诗与酒楼墙上的诗十分相似，我猜想此事与作者有关，这是其三。果然，后来通过作者找到了真凶。”听完狄仁杰的推理，众人都非常佩服他。

留意细节是非常重要的。如果马掌缺失一个钉子，没有被人注意到，在打仗的过程中，

就会造成马掌脱落，战马摔倒，一场战役因此而失败，最终导致国家灭亡。

亲爱的小读者，千万不要忽视细节的重要性，“魔鬼总是藏在细节之中”，细节往往决定成败。

成长小魔棒

让你变聪明的第十七个神奇魔法：观察细节。

咒语：魔鬼总是藏在细节之中。

发现橡树林

维娜踏进牛津大学的第一天，就被古老的礼堂深深吸引。如今，大礼堂已经三百多岁了，它历经风雨，被岁月静静地镌刻上时光的痕迹。站在它面前，仿佛能看到遥远的过去。

平日里，除了开学礼、毕业礼，很少有人来大礼堂。一天，美术系的老师带着维娜的班级来大礼堂上课。维娜安静地在画板上描摹墙壁上古老的图案，忽然有几片木屑落在维娜的画板上。她感到好奇，四处仔细查看，才发现地板上落满了这种细小的木屑。

下课后，维娜把这件事告诉了校方。校方立刻派人前去检查，发现有二十根橡木制成的横梁已经腐朽老化，失去了支撑力，若不及时更换，这幢建筑很有可能会倒塌。

大礼堂雄伟壮观，用料考究，横梁采用的是巨大的橡木。想要维持大礼堂三百多年来的历史风貌，就必须用同等的橡木去替换。这不光是钱的问题，关键是，从哪里能找到二十棵如此粗壮的橡树呢？这让校方陷入了困境。

一天，维娜在图书馆看校史的时候，一下子惊呆了。她情

不自禁地感叹道："原来早就有了！"

按照校史中的记载，她急忙赶到大礼堂后面的树林中，认真地寻找起来。秋风在维娜耳旁轻轻地诉说，好像是在传递着什么重要的信息。不知不觉间，维娜已经走到了树林深处："天哪！是真的呀！"望着一棵棵葱郁的参天橡树，维娜又惊又喜。

她马上把这个好消息告诉了校长。校长简直不敢相信自己的耳朵，当即就带着许多人来到了橡树林。

"天哪，这几乎是个已经被遗忘的地方，维娜，你是怎么发现它的？"校长好奇地问道。

"三百多年前，大礼堂的建筑师就已经考虑到礼堂维修的问题，当时就请园丁种下了这片橡树林。这是我在校史中看到的。"维娜从背包中取出一本书递给校长。

"原来是这样！"校长望着橡树林感叹着。

这件事情渐渐传开了，每一个人听说后，都对当年那位有远见的建筑师感到钦佩不已。

橡树林沙沙作响，好似唱着一首对建筑师的颂歌，又好像在对维娜表示感谢。

成长点金术

预见力

人生如棋，有人能考虑到之后的五步棋，甚至更多；有人却鼠目寸光，只争眼前，最终输得一塌糊涂。

古时候，有个人家里的烟囱是直的，炉灶旁边还堆着柴草。一天，有个朋友来这人家里做客，看到了直烟囱，就劝他重造一个弯烟囱，并将柴草挪开，不然很容易发生火灾。

主人心想：“这烟囱我用了这么久，从来都没出过什么事儿，根本就没必要花那冤枉钱。”他口头上答应着，实际上却没有采纳朋友的建议。

没过多久，家里果然失火了。在左邻右舍的帮助下，大火终于被扑灭。望着正冒黑烟的直烟囱，主人追悔莫及。

英国有句古话：“预见危险，就避免了一半。”如果我们能早早考虑到将来遇到的麻烦，提早做准备，就能避免。

三百多年前就栽种在校园里的橡树，无疑是那个富有远见的建筑师为牛津大学留下的一笔宝贵财富。比别人想得长远一点，或许效果一时无法显现，倘若将时间拉长，便能够清晰地领悟其中蕴含的智慧与眼光。

正是因为缺乏一双眺望未来的眼睛，很多人才会竭泽而渔、

焚林而田，于是，乡间的树少了，鸟儿飞走了，空气变得浑浊，天空也不明澈，这时候再后悔又有什么用呢？

如果说人生是一艘远航的船，远见就是船上的指南针；如果说人生是一只飞翔的鸟，远见便是鸟儿那双明亮的眼；如果说生命是一棵苍翠的树，远见就是那深扎地底的根。

亲爱的小读者，你知道“鼠目寸光”这个成语吗？可别像老鼠一样，目光短浅，而要将眼光放长远哟。现在的你，养成一个好习惯，哪怕像一粒草籽那么小，它将来也会影响你的生

活，让你获益良多。多多考虑未来，以后的你才不会像那个家里失火的人一样后悔。

不确定的未来隐藏在时光深处，预先思量，预先准备，才能做到无惧未来。

成长小魔棒

让你变聪明的第十八个神奇魔法：未雨绸缪。

咒语：做好准备，预防坏事的发生。

薰衣草花种

微风荡漾，吹醒了睡梦中的紫色海洋，这里便是令人神往的薰衣草山谷。

一天，谷主为一件事发起愁来，“谷内大大小小的事情都是我在打理。倘若我离家外出，突然病倒，或者客死他乡，我的女儿们该怎么办？薰衣草山谷怎么办？到时候谁来给她们出主意呢？”想到这里，谷主不禁打了个冷战。

傍晚，谷主把女儿们都召回了家。他一脸严肃地说道：“孩子们，我这里有十五颗薰衣草花种，分给你们三人，请务必好好保管，今后我会向你们要回的。”尽管女儿们心里有千般不解，可爸爸都这样说了，大家也只好应道：“好的，爸爸。”

回到房里，大女儿心想：仓库里的薰衣草花种数不胜数，爸爸向我要时，我直接从仓库里拿不就好了？她把那五颗花种随手扔进了仓库。

二女儿是个听话的孩子，她用精致的盒子装好花种并放在了枕头底下，认真保管着。

小女儿很聪明，她知道爸爸一定是出于什么考虑，才给了大家这些花种。她有了自己的打算。

春风吹绿了仙灵湖畔，小女儿亲手把五颗花种撒在了花盆里。不久，春雨滋养下的薰衣草花种破土而出。

在小女儿的精心照料下，那些薰衣草长势喜人。小女儿把收获的花种装在几个空罐里，盖上盖，好生保管起来。

第二年，小女儿找了一块地，又把罐子里的薰衣草花种撒了下去，像第一年那样用心打理着。到了收获季节，小女儿仍然用空罐把花种装起来，存到仓库里。

五年过去了，小女儿原先的五颗薰衣草花种已经变成了如今的几百罐之多。

一天，谷主派人叫来了大女儿，问道："我的女儿，几年前爸爸交给你的花种可还在呀？"大女儿笑着说："爸爸，我这就给您拿来。"说完就一溜烟跑到仓库，随便拿了五颗花种。

大女儿把花种交给了父亲，谷主脸色一沉，问道："这是我当年交给你的吗？"大女儿脸红了，只好说出实情。谷主很生气，便安排她在家里扫地。

随后，二女儿也被叫了过去。谷主慈爱地问道："我亲爱的女儿，我当年送给你的花种还在吗？""在的在的。"二女儿连连点头，"爸爸，您等等，我这就回去取。"

二女儿取来装花种的盒子，五颗花种正安静地躺在里面睡大觉。谷主很是满意，便安排二女儿去管理仓库。

最后被叫来的是小女儿。面对爸爸的询问，她笑而不语，挽着爸爸的胳膊来到了田间。一大片紫色的波浪正肆意翻滚，在金色夕阳的映衬下，折射出丰收的光芒。小女儿用智慧将五颗花种变成了紫色海洋，还制作出易于携带的薰衣草香包和精油。

后来，小女儿继承了父亲的事业，成为了谷主。她把薰衣草山谷打理得井井有条，香薰生意也越做越大。

智者的安排

做事更有效率靠的不是忙碌的双手，而是智慧的管理。

相传在很久以前，韦陀和弥勒佛不在一个庙里。弥勒佛爱笑，总是笑呵呵地迎接每个前来叩拜的人，因此香火鼎盛。但弥勒佛有丢三落四的坏习惯，对什么都不在乎，账务管理得一塌糊涂，经常入不敷出。韦陀跟弥勒佛不同，他可是管账的一把好手，可他不爱笑，整天阴沉着一张脸，把仅剩的几个信徒也给吓跑了。

佛祖于是把他俩安排到了同一个庙里。这下好了，弥勒佛负责笑迎八方客，韦陀负责铁面无私管理财物，有他俩在的庙总是无比兴旺。

乍一看，这个小故事似乎跟薰衣草花种的故事完全不沾边，但是仔细想想，你会发现其中还是有相同之处呢。

同样是五颗花种，大女儿把花种扔进仓库，二女儿让它们躺在盒子里睡大觉，小女儿却用智慧精心管理，把它们变成了一片薰衣草海洋。弥勒佛和韦陀各有各的长处和不足，但是佛祖知人善用，让寺庙重新兴旺起来。佛祖和小女儿都是善于管理的聪明人。

亲爱的小读者，你的生活会不会是一团糟呢？快上课了，可作业还没做完；零花钱到手就花了，总是存不住；每天懒懒散散，生活没有目标……

情绪、学习、生活都需要管理。管理是一门学问，它能教会你怎么把一变成十，怎样让各种事物井然有序，如何用一分

钱买到更多东西。

做事缺乏计划和条理，会让我们忙得一塌糊涂。学会用智慧管理自己的生活，拉长了生命的长度，同时加快了迈向梦想的步伐。当别人还在为如何处理昨天的琐事而苦恼时，你却已经为明天做好了准备。

成长小魔棒

让你变聪明的第十九个神奇魔法：智慧管理。

咒语：有条不紊，事半功倍。

王子的任务

在那樱花盛开的地方，有个富饶的哆哆国，那里的人们生活得很幸福。可是近几年，勤勉的瑞塔国王却忧心忡忡，一直在为王位继承的问题烦恼着。

不知不觉，秋天到了，广阔的田野里弥漫着丰收的气息。瑞塔国王打算考验一下两位王子的能力，由此决定谁来继承王位。

一回宫，国王便派人叫来了两位王子，语重心长地对他们说："我的孩子们，我老了，不能再像以前那样为人民效劳。现在，我需要你们各自选择一个村庄，统计今年的收成。谁先完成，谁就是下一任国王。"两位王子接受了国王的考验。

为了成为优胜者，大王子想都没想，便急匆匆地骑着马，赶去了西边的桃李村。小王子很聪明，他想："磨刀不误砍柴工，我得回王府把工具备齐。"小王子回到府邸，集齐了仆人，分配好任务，让他们拿着工具，赶到了东边的杏林村。

大王子风风火火地赶到桃李村，这才发现自己什么都没有带，只好向村民借了称谷的工具，挨家挨户地称起了稻谷。不到一个小时，大王子就累得满头大汗了。村民们多次想给大王子搭把手，却总是被他拒绝。大王子觉得其他人的能力都不如自己，让别人参与，只会帮倒忙。之后，就再也没有村民主动向大王子提供帮助了。

聪明的小王子和哥哥不同。他一来到杏林村，便召集了全村村民。小王子先把五十个村民分成了五组，每个小组都选出了一名组长。然后，小王子又把村子分成了五块，为每个小组划分了各自的工作范围。有熟悉农活的村民帮忙，事情变得简单了许多。

时间过得很快，眼看太阳就要下山了。杏林村的村民们忙得不亦乐乎。在小王子的安排下，这几个人负责搬运，那几个人负责称重，还有两个人在一旁登记和计算，另外一些人则把称完的稻谷装好堆在仓库里。一切都进行得井然有序。

天黑之前，村民们给小王子呈上了一份令人满意的“成绩单”，上面不仅有清清楚楚的数据，就连稻谷是哪家的都登记得十分详细。

谢过村民后，小王子便骑着快马飞奔回宫。瑞塔国王看着那张清晰明了的统计表，满意地点了点头。

夜深了，还不见大王子归来。王后十分担心，便派了卫兵出去寻找。

第二天清晨，卫兵们扛着一个灰头土脸的人走进了宫殿。瑞塔国王仔细瞧了瞧，这才认出是大王子。大王子有气无力地说：“父……父王，我……我……我算出来了，大……大概是五百吨，不，是四百吨，不不不，是……五百五十吨……”

“把他扶回王府休息吧！”瑞塔国王摇了摇头。

小王子当仁不让地成为了新国王，他还回到杏林村，给村民们带去了丰厚的礼物。

成长点金术

学会合作

任何一件了不起的事情，都不是你一个人能够完成的。

亲爱的小读者们，你们看过《快乐大本营》吗？都知道主持人何炅哥哥吧！小时候，何炅哥哥是班级黑板报的负责人，每次出黑板报的时候，他回家都很晚。有一次，妈妈问他："为什么回来这么晚？"他说："出黑板报的时候，写字、画画都是我一个人做，要花很多时间才能完成。"妈妈很惊讶，又问道："出黑板报的人有很多，你为什么要自己一个人来做呢？"何炅哥哥无奈地说："我的速度比其他人都快，而且我想让其他人早点回家。"

那时候的何炅哥哥就像那个大王子一样，什么事情都自己来做，根本不懂得与人合作。

看着儿子满脸的疲惫，妈妈心疼地说："你可以一次这样，两次这样，但是长大之后你会发现，任何一件了不起的事情，都不是你一个人能够完成的。儿子，你一定要记住这一点。"妈妈当时说的这句话何炅哥哥并没有放在心上，毕竟人的成长是需要时间的。

直到若干年后，何炅哥哥做了节目主持人，发现自己分身

乏术，这才意识到团队协作的重要性。

亲爱的小读者，看了两位王子和何炅哥哥的故事后，我相信你已经明白了分工合作的重要性。和其他小伙伴一起做事时，要学会跟他们分工合作。懂得如何管理和分配的你，一定能成为小伙伴们的智囊！

成长小魔棒

让你变聪明的第二十个神奇魔法：学会合作。

咒语：与人合作，效率更高。

森林特攻队

这是一个阳光灿烂的日子。

绿森林的动物们有的在晒日光浴，有的在啃松子，还有的在聊天……忽然，一阵刺耳的声音打破了森林的宁静，只见一只鹦鹉慌慌张张地飞过来，大叫道：“紧急情况！野狼国突然对绿森林宣战！虎王发布一号征兵令！”

动物们全都惊呆了。从震惊中回过神来的动物们纷纷向林间草地涌去，准备报名参战。

威严的虎王和军师狐狸坐在长长的队伍前面，审视着每一个前来报名的动物。

“我一脚下去可以踩扁一堆野狼。”大象挥舞着长鼻子说。

“通过！”

“瞧瞧我的利爪和利齿，让野狼们颤抖吧！”金钱豹低吼着说。

“通过！”

“俺老猪的獠牙可不是好惹的。”野猪哼哧着说。

“通过！”

“豪猪前来报到，我会刺得那帮野狼嗷嗷叫！”豪猪一边说一边卖弄着自己浑身的利刺。

这还有什么可说的呢？当然是通过。

“我虽然小，可是飞得比谁都快。”一个细小的声音说。

虎王瞪大眼睛在空中寻找了好一会儿，一旁的狐狸赶紧递上一枚放大镜，虎王这才找到声音的源头，原来是一只蜂鸟。

“小不点儿还是算了吧，战争是勇者的游戏。”虎王说。

“我虽然不够强壮，可我是点子大王。”猴子蹦跳着说。

“蜂鸟太小，你太瘦。”虎王挥挥手，“下一位。”

土拨鼠哆哆嗦嗦地走了上来，大象、野猪忍不住笑出了声，这可是森林里有名的胆小鬼，他怎么也来了？“我……我也想去参战，顺便锻炼一下自己的勇气。”土拨鼠小声说。

“你如果吓瘫了，我们还得花时间把你抬下战场。”狐狸嘲讽道。

“下一位，呃……”虎王说到这里赶紧捏住了鼻子。

在场的所有人都捏着鼻子，使劲憋着不敢吸气，还用猜吗？这就是有名的“臭臭大王”臭鼬呀。

“拒绝你的原因咱就不明说了，赶紧离开这里，越快越好。”狐狸用尾巴护住口鼻，含糊不清地说。

在一片哄笑声中，臭鼬红着脸走开了。

勇猛大军组建完毕，大象、金钱豹、野猪、豪猪、黑熊……瞧瞧，这是一支多么神气多么威武的队伍呀，敌人见了准保吓得屁滚尿流。绿森林的动物们都相信，他们很快便会凯旋。

不料，勇猛大军中了狼王的圈套，一个不剩，眨眼间便通通成了野狼的俘虏。

消息传来，绿森林的动物们个个吓得面色苍白，花儿也吓得合上了花瓣。

一些胆小的动物纷纷开始收拾细软，打算逃离绿森林。

猴子眉头一皱，计上心来。他找到蜂鸟、土拨鼠和臭鼬，告诉他们："咱们几个成立一个森林特攻队，赶走野狼！"

蜂鸟、土拨鼠和臭鼬不敢相信自己的耳朵。

"你疯了？咱们几个可是被淘汰的，勇猛大军都做不到的事儿，咱们凭啥能做到？"蜂鸟第一个嚷嚷起来。

"特长！"猴子说，"凭咱们的特长就能做到。"

蜂鸟、土拨鼠和臭鼬互相看看，不明白他在说什么。

"你很小，但飞得快，又不容易被发现，"猴子指着蜂鸟说，"你是最好的侦察员。"

蜂鸟点点头，情不自禁地挺起了胸脯。

"你虽然胆小，但擅长挖洞。"猴子对土拨鼠说。

"这个倒是俺的强项。"土拨鼠搓搓爪子，呵呵地笑了。

"我什么特长都没有，除了那个不便明说的原因，唉，我还是说出来算了，"臭鼬哭丧着脸说，"我就是臭！"

"哈哈，那正是你最大的特长，你是我们的秘密武器！"猴子上蹿下跳地说。

猴子讲述了自己的计划，三个特攻队员全都叫好。说干就干，蜂鸟立刻向野狼的驻地飞去。

很快，蜂鸟便回来了，他已经侦察到了狼王指挥所的准确位置。土拨鼠立马开始忙乎起来，他召集所有的亲戚们用最快的速度挖出了一条通往指挥所的地道。

当森林特攻队从地底下冒出来，出现在狼王面前时，狼王使劲眨巴着眼睛，还以为自己在做梦呢。

说时迟，那时快，臭鼬把屁股对准狼王的脸，毫不客气地使出了自己的“秘密武器”，噗——一股臭气直冲狼王的脑门，直接把他熏晕了。嘿嘿，瞧这威力，不愧是“臭臭大王”呀！特攻队的队员们难道不怕臭吗？别担心，人家戴着防臭面具呢。

狼王醒来时，发现自己被捆了个结结实实，猴子恶狠狠地命令道："立刻释放所有俘虏，宣布无条件投降，否则……臭鼬，上！"

臭鼬示威般翘起尾巴，狼王立刻瘫软下来，啧啧，这气味，如果再来一下那简直会要命！他这辈子也不想再闻第二回了，决不！

"别别别……千万别来第二下，本王什么都答应，只求你们赶紧离开这里，越快越好。"

野狼灰溜溜地夹着尾巴撤了军，森林特攻队立下大功，绿森林沸腾了！

谁也想不到，小小的蜂鸟、瘦瘦的猴子、胆小鬼土拨鼠和"臭臭大王"臭鼬如此不起眼，却创造了如此的奇迹！虎王更是惊掉了下巴。为森林特攻队颁发勋章的那天，他的下巴上还缠着绷带呢。

成长点金术

善用特长

聪明的人会看到自己的长处，愚蠢的人只看到自己的短处。

倘若没有小动物们组成的森林特攻队，绿森林很有可能就被攻陷了，可见小动物们的力量也很强大。他们有着独特的技能，却被虎王忽略了。其实只要善于发挥特长，就能够释放出无穷的力量。亲爱的小读者，你的身上也藏着许多闪光的优点，等着你去发掘哦！

缺点是放错了地方的优点。当我们发现自己独有的特点时，只要找到合适的地方发挥出来，缺点也会变成优点呢。

亲爱的小读者，在降临人间的前一夜，天使会赠予每个孩子独有的礼物，并悄悄藏在不同的角落。你找到天使送你的礼物了吗？

这些礼物是：动手能力，它帮助你做一件又一件事情；创造力，它让你的脑海里飞出一个又一个奇妙的好点子；沟通能力，它帮助你

培养一段段美好的友谊；还有思考力、想象力、表达能力……

亲爱的小读者，你看，身体本身就是一个宝贝，手、脚和脑袋可都是法宝哟。姚明哥哥有独特的身高优势，他就选择了篮球，打进了NBA；宋小宝叔叔长相不出众，但他却利用这个特点，成为了受人欢迎的喜剧演员。优势是潜藏的，它常常跟你开玩笑，静静地藏在某个地方等你挖掘。

你听过《田忌赛马》的故事吗？他挑了三匹马和别人比赛，用己方的上马和对方的中马比，用己方的中马和对方的下马比，结果以三比二赢得了比赛。聪明的人，善于发现自己的长处，并能将其发挥得淋漓尽致，因此能赢得一次又一次胜利。如果你也想成为这样的人，告诉你一个秘密：要学会发现自己的闪光点，然后好好利用它。

成长小魔棒

让你变聪明的第二十一个神奇魔法：

善用特长。

咒语：要学会发现自己的闪光点。

珍珠树

古时候，有个名叫木厘子的人喜欢发明各种各样的新奇玩意儿，国王很喜欢他的发明，经常赐给他许多宝贝。一些大臣越来越嫉妒他，总想找个机会让他难堪。

一天，国王召集大臣们商讨国事。突然，木厘子放了一个很响的屁，大家全都侧过头来注视着他。平日里嫉妒他的一个大臣认为机会来了，立刻说：“竟然敢在国王面前放屁，连尊敬的国王也不放在眼里，大家说怎么办？”

“实在太过分了！”

“如此大不敬，应该将他关进大牢！”

…………

大家你一言我一语，说得国王不知所措。

就在这时，木厘子主动走到国王面前，坚决地说：“尊敬的国王，既然我冒犯了您，您就赐我一死吧！”

他这么一说，让大家都吃了一惊，国王也愣住了。

木厘子接着说道：“只是可惜我培育了好久的珍珠树，恐怕结不了珍珠了。”说完还低头叹了口气。

国王一听，立马来了精神，珍珠可是宝贝！要是果真能培育出结珍珠的树，那岂不是要多少珍珠就有多少珍珠？

于是国王很迫切地追问：“那怎样才能让树结出珍珠呢？”

木匣子抬起头，慢慢地说道：“其实要结出珍珠并不难。”

“要怎么做？”

“珍珠是十分纯净的，

只要找来一个从来不放屁的人每天给它浇水施肥，就能结出纯净无瑕的珍珠。”

“笑话！哪里会有从不放屁的人呢？”大臣们纷纷反驳道。

国王听完仔细想了想，恍然大悟。他摆摆手，对大家说：“你们自己都说，世界上没有从不放屁的人。我看，都别小题大做啦，到此为止吧，退朝！”

既然国王发话，便再也没人敢提这件事了，木匣子也因此逃过一劫。

成长点金术

不一般的“老头子”

巧妙地运用语言，能帮助你轻松地化解尴尬，走出困境。

原本紧张的局面，在木厘子的机敏应答中变得缓和起来。可见，语言是一门美妙的艺术。

清朝乾隆年间，纪晓岚和几位同僚一起在书馆里校阅《四库全书》的书稿。正值炎炎盛夏，再加上纪晓岚体态宽胖，汗流不止，他索性脱了被汗水打湿的衣衫，还把辫子盘到了头顶上。正当他打着赤膊看稿时，忽然听到馆外传来一声“皇上驾到”。纪晓岚慌了神，自己这副模样可是对皇上大不敬。此时穿衣服也来不及了，他赶紧脖子一缩，躲到了桌子底下。

此刻乾隆皇帝已经走了进来，早就瞥见了纪晓岚。他假装毫不知情，向左右摇手示意，叫他们别作声，然后，他在纪晓岚藏身的桌前坐下来，迟迟没有离去的意思。

暑天酷热，纪晓岚在桌子下大汗淋漓，实在熬不住了。因桌子有桌布挡住了视线，外面也没有动静，他以为乾隆已经走了，就探出头来问同僚们：“老头子走了吗？”刚说完，他就发现皇上正坐在桌前呢！

乾隆听了板着脸，生气地说：“大胆纪晓岚，言语无礼，

竟敢称朕‘老头子’！今天你要是不好好解释，朕就砍了你的脑袋！”

同僚们都为纪晓岚捏了一把汗。纪晓岚答道：“皇上，人人都称您万岁，万寿无疆，所以是‘老’；群臣之首，民众爱戴，当然是‘头’；子就是‘天之骄子’的意思。‘老头子’是对您的尊称啊！”

乾隆转怒为喜，笑道：“爱卿真是机智可嘉啊，朕恕你无罪！”

亲爱的小读者，你是不是被纪晓岚的铁齿铜牙震撼到了呢？你想成为像他那样机智的人吗？掌握了语言的智慧，灵活运用语言，你就能准确表达自己的想法。善于与人沟通，有时还能巧妙地化解矛盾。很多时候，短短几句话就能让你生发出无穷的魅力。语言是一门美妙的艺术，让我们从现在开始潜心学习吧。

成长小魔棒

让你变聪明的第二十二个神奇魔法：锻炼口才。

咒语：好的口才恰是智慧的表现。

李时珍与《本草纲目》

在一个雨夜，一个小婴孩降临在一个医学世家，父亲为他取名李时珍。他慢慢长大了，对家里的医书格外感兴趣，一捧起来就放不下。

一日复一日，一年又一年，李时珍几乎读遍了能找到的所有医书，但他发现古书里的记载并不完全正确。有的药草明明是一种，却有好几个不同的名字；有的药草，不同的医书却记载着完全不同的功效，医者常常难以分辨哪部医书才是对的。

读得越多，李时珍发现医书中存在的错误就越多。一天，他向父亲说出了自己心中的想法："至今为止，还没有一本医书全面系统地记录所有的药草知识，我想重修一本药草之书。"

父亲沉思了一会儿，说道："这是一个庞大的工程，你还需要读更多医书，积累更多经验。我找人推荐你去太医院吧。"

到了太医院，李时珍废寝忘食地研究药草，并饱览了皇家珍藏的丰富典籍，光是笔记他就记载了几大箱。

为了著书，他辞去官职，一边行医一边奔波在山林之间，收集药草标本和处方。每到一地，他就向当地人请教关于药

草的问题。

一天，他投宿在一个驿站，看见几个马夫在锅里煮一种野草。李时珍非常好奇，就上前询问：“你们煮的是什么呀？”

马夫说：“这是‘旋花’。我们赶车人损伤筋骨是常有的事，这药草汤能舒筋活血。”

李时珍专注地听着，并在随身携带的本子上写道：“旋花有‘益气续筋’之用。”每发现一种新的药草，对李时珍来说就像是得到了一件珍贵的礼物一般。

李时珍就这样四处考证，足迹遍布田野山间，行程不下万里。他像一只辛勤的蚂蚁，将一生所学的点点滴滴，都搬进了他的手记里，留给了后世。这本手记一共记录了 1892 种药物，收集了 1 万多个药方。就这样，李时珍历时 27 年，三易其稿，完成了这部 192 万字的《本草纲目》，为后人留下了一笔宝贵的医学财富。

学以致用

光有智慧是不够的，还要善于运用它。

——[古罗马]西塞罗

亲爱的小读者，我们每天都在学习新的知识，接触新的事物。你知道知识的真正价值是什么吗？

给大家讲个发生在我自己身上的故事吧。小学时，我和两个小伙伴到附近的老房子玩儿。我们玩得忘掉了时间，不知不觉太阳就快要下山了。突然，一块大木板掉了下来，压住了我身后的两个小伙伴。我试图把木板搬开，但力气太小，根本就做不到。

木板下的小伙伴们直喊疼，怎么办呢？我环顾四周，看到了一根长棍子。“有了，爸爸教过我杠杆原理，用棍子当杠杆，石头当支点，肯定能把木板撬开。”

我赶紧捡起那根长棍，从附近搬来一块稍大的石头垫在棍子下面。我果真撬动了木板，把伙伴们顺利地救了出来。

小伙伴们终于得救了，我是那么开心。这件事也让我明白了学以致用的重要性。把学到的知识运用到生活中，不仅体现了知识的真正价值，也让我们成为一个有本领的人。倘若在小伙伴遇到危险时，我只是一味地担心，而不懂得把杠杆原理运用到实际中，我的小伙伴可能就无法及时得救了。

亲爱的小读者，知识只有在被运用的时候，你才会惊叹它的奇妙。

成长小魔棒

让你变聪明的第二十三个神奇魔法：学以致用。

咒语：知行合一，活学活用。

我有一个电脑梦

1955 年，在美国西部的旧金山市，一位未婚母亲生下一个男婴。她没有能力照顾他，便把他交给一对好心的夫妇抚养，他们给他取名叫史蒂夫。

十二岁的史蒂夫跟着家人搬到了“硅谷”附近，在邻居朋友的熏陶下，小史蒂夫渐渐地爱上了电子学。上学、放学路上，他都能轻易地找到很多废弃的电子元件。在史蒂夫眼里，它们可是免费的试验品。他将它们拆卸后又重新组装，探寻其中的奥妙。邻居参加惠普公司的俱乐部活动时，他屁颠屁颠地跟在后面，一次都不落下。

在一次聚会上，史蒂夫第一次见到电脑，他眼睛里闪烁着兴奋的光芒，在惊叹科技魅力的同时，他也与电脑结下了不解之缘。

后来，史蒂夫结识了电子俱乐部部长沃兹尼克，两人对电子科技都有着浓厚的兴趣，对一些科技问题的看法也常常一致。他们畅快地讨论着，很快成了要好的朋友。

十七岁那年，史蒂夫进入里昂学院就读，枯燥的学业让他感到迷惘。他后来选择了退学，在一家电视游戏机公司工作。

他借住在好友沃兹尼克家的车库里，因为没钱吃饭，他不得不去捡五美分一个的可乐罐，周末步行去七公里外的教堂，只为改善一下伙食。虽然已经退学，但为了充实自己，他经常回到学校，旁听东方宗教和书法等课程。

即使在这样艰苦的条件下，史蒂夫也没有放弃过自己的梦想。当时市面上的计算机不仅体积庞大，价格也昂贵得惊人，他和好友沃兹尼克立志要开发出一款新型计算机。他一边上班，一边和沃兹尼克一起研制计算机。他们从各个厂家生产的计算机中寻找灵感，汲取其中值得借鉴的地方，并修改它们的缺陷。除此之外，他们从展销会上买入价格低廉的芯片，压缩成本。功夫不负有心人，在那间狭小的车库里，他们终于组装出了他们的第一台计算机。

在史蒂夫二十一岁那年，他与好友成立了一家属于他们自己的计算机公司。

1977 年，第一届计算机展览会在美国举行。为了让人们注意到他们的产品，盛会前夕，史蒂夫四处奔波，想尽办法弄到位置最好的展位。事实上，比起他们的展位，更让人眼前一亮的是他们的计算机样品。人们无法想象，这台精巧的打字机竟然是一台电脑，而且只需拧下十颗螺丝钉就能拆机维修。如此出众的设计不仅改变了人们对于计算机的认知，也为史蒂夫和他的朋友带来了事业上的成功。

就这样，史蒂夫和他的团队不断努力改良他们的电脑，让这家最初只有两人，诞生于小车库的公司，渐渐扩展成了一个员工超过十万人，市值数千亿美元的大型公司。

这家计算机公司就是后来以创新而闻名的苹果公司，公司的创始人便是那个曾经捡可乐罐的男孩——史蒂夫·乔布斯。

成长点金术

创新改变世界

活着就是为了改变世界。

——[美]史蒂夫·乔布斯

亲爱的小读者，你知道吗？少年时代的乔布斯就已经很有自己的想法了。十六岁的时候，他注意到杂志上有关于“蓝匣子”的报道，“蓝匣子”的神奇之处在于能免费打电话。这让乔布斯兴奋得睡不着觉，他立刻从电子商店搜罗各种零件组装到一起，还用上了自己的小发明。最终，他和朋友成功地用自

己的“蓝匣子”打通了第一个免费电话。

其实，在我们的生活中，创新和创意无处不在。

有一个叫杰福斯的小牧童，他每天要赶着羊群到牧场上吃草，还要留意羊群，别让它们跑到栅栏外的菜园里糟蹋蔬菜。杰福斯一直做得很好，直到有一天，他在牧场边打起了盹。不知过了多久，老板的怒骂声惊醒了他，此时菜园已经被羊群搅得一团糟。

杰福斯开始思索，怎样才能阻止羊群越过栅栏呢？他仔细观察了一下菜园周围，发现唯独长着带刺玫瑰花的地方没有被羊翻越。杰福斯灵机一动，他把铁丝截成长五厘米左右的小段，并把它们缠绕在栅栏上。起初，羊群还会试图越过栅栏，但在多次被扎疼后，就再也不敢越过栅栏了。

半年后，杰福斯为他的这个发明申请了专利。如今，这种带刺的铁丝网已经被人们广泛使用。

无论是创造苹果电脑的乔布斯，还是发明铁丝网的杰福斯，他们都有一颗创新的心。乔布斯有句名言：“活着就是为了改变世界！”手机、平板电脑在不知不觉中改变了我们的生

活，这就是创新的价值。

亲爱的小读者，只要敢于想象，勇于创新，你也可以改变这个世界。

成长小魔棒

让你变聪明的第二十四个神奇魔法：勇于创新。

咒语：以创新，致领先。

撕出来的诺贝尔奖

2010年诺贝尔物理学奖的获得者是安德烈·海姆，他是世界上第一个研究出石墨烯的人。

石墨烯是一种新型纳米材料，具有超强的导电、导热性能，被称为“黑金”。利用石墨烯制造出来的电池，容量大，导电性能好，充电速度快，未来将广泛用于电动汽车、移动设备、航空航天等领域。

这么神奇的材料是怎么被发现的呢？好奇的你一起来看看吧！

一次，邻居有事外出，便把孩子暂时交托给了海姆。孩子很听话，一来就开始写作业。海姆害怕打扰到孩子，又担心孩子会有问题要问自己，便坐到一个角落里静静地看着他。海姆是个科学家，观察相当细致。他发现孩子削铅笔的次数很频繁，在削铅笔的过程中，石墨笔芯也很容易断掉。海姆用手摸了摸桌子上遗留的笔芯灰，这实际上就是石墨颗粒，铅笔能写出字来就是靠这个。

这件事情给了海姆很大的触动。“人类对物质世界的认识已经深入到了纳米，甚至更小的原子级别。研究出最薄的单层石墨才是最具挑战性的事情。”在当时，如何把石墨磨薄，薄到只有一个原子的厚度，是个世界难题，它让全世界的科学家望而却步，而海姆却信心百倍。

他将一块石墨递给了一个研究生，并吩咐道：“去把它磨到最薄！”“这……这不可能吧，‘铁杵磨成针’我听说过，但把石墨磨到原子量级……您不是在开玩笑吧？”研究生苦笑道。“谁跟你开玩笑，快去。”海姆一脸严肃，怎么看都不像是在开玩笑。

几个月后，研究生带着石墨来了。“我实在磨不了了，最薄也就这程度了。”研究生把石墨放在桌上离开了。海姆找来仪器测量了一下，还有几千个原子层厚，他顿时绝望了。

海姆苦思冥想了许久，却怎么也想不出一个解决问题的好办法。一天，他无意中看到几个正在磨石墨的学生把透明胶带贴在石墨上面，他好奇地问：“为什么要把透明胶带贴在石墨上呢？”

“哦，胶带可以把表面一层脏的石墨撕下来，再用干净的表面来磨，这样会比较快。”学生回答。

海姆看着透明胶带上的石墨出神，这里面有什么奥秘呢？

他拿了几片撕下来的胶带，放到显微镜下仔细观察，竟有了惊人的发现。比起那个研究生辛苦磨出来的石墨片，胶带上的石墨薄多了，有些甚至只有几十个原子层厚。这真是个令人惊喜的发现。

海姆反复把透明胶带粘在石墨上，然后一遍又一遍撕下来，让胶带上的石墨越来越薄，直至只有一个原子层的厚度。这时候，单层石墨也就是石墨烯便产生了，它是世界上最薄、最硬的材料。有了它，我们的生活将变得更加便捷环保，煤炭和石油在未来可能就会失宠了。

许多科学家都有使用胶带的经历，可又有多少人会想到可以用这种方法研究出独一无二的石墨烯呢？

价值百万元的新点子

一样的生活体验，不一样的创新思维。

一个新颖的点子往往不是凭空产生的，我们的固定思维中，潜藏着千千万万种可能性。如果你能开动脑子，转变一下固定思维，“创新”这个神奇的能力就属于你了！

亲爱的小读者，你相信一个新点子价值一百万元吗？曾经有一个工人想出了运送方糖的新方法，而这个点子就为他创造了一百万元的价值。

方糖是一种备受西方人欢迎的饮料伴侣。美国是方糖制造大国，长期向南美洲出口方糖。但是方糖在运输过程中容易受潮，受了潮的方糖品质下降，售价也会降低。为了解决这个问题，美国各大制糖公司想了各种办法，甚至请来专家商讨，却始终没有找到解决办法。

后来，这个难题被一位名叫克鲁索的工人解决了。他给出了一个简单至极的方法——在糖纸上戳一个洞。他认为房屋有窗户才能通风，人们穿透气的衣服更舒适，那么在方糖的包装纸上打个洞，也就便于空气流通，方糖便不会再受潮了。

开窗才能通风，这个道理谁都知晓，可懂得将其灵活运用，这个人便是创新者。

亲爱的小读者，用胶带粘东西连小朋友都会，可为什么除了海姆，其他人都没有将它用于石墨烯的研究中呢？其实，生活里也有很多常识，只要重新运用，你会发现，看似微不足道的平淡生活里原来隐藏着这么多神奇的小秘密呢。

成长小魔棒

让你变聪明的第二十五个神奇魔法：

化平常为神奇。

咒语：想象力比知识更重要。

可以吃的勺子

“大叔，你这是在干什么？”一位大叔的异常行为把旁边的姑娘看得目瞪口呆。“扔掉多不好，不如吃掉嘛！”大叔一边啃着勺子，一边打趣道。

亲爱的小读者，你是不是还没从惊讶的状态里反应过来呢？这位印度大叔名叫纳莱亚那，他发明的这把小勺子可火了，在中国、美国、日本……都能找到它的踪迹。全球有超过一千五百万人正津津有味地啃着它呢！

勺子的诞生还有一个故事呢！

印度大叔家乡的白色垃圾越来越多，逐渐覆盖了绿水青山。大叔开始感到愧疚，不仅仅是对家乡，更多的是对地球母亲的愧疚。

一次，在回印度的飞机上，大叔见一位姑娘向空姐要了一份甜食。这是一种印度薄饼，一层薄薄的粉皮裹着几团冰激凌，冰激凌就算融化了，这皮儿也可以让它不漏。姑娘吃完冰激凌后，把粉皮做的壳也嚼了下去，还发出了“咯吱咯吱”的声音，看来味道不错。大叔微微闭上眼，刹那间，他有了一个主意："这玩意儿可以用来代替塑料餐具呀！"

一下飞机，他便拉着妻子连同村里的几个妇女一起捣鼓起来。从作坊里飘出来的气味简直香死人了，路过的人还以为那里开了家面包店呢。

为了保持勺子的硬度，大叔做了无数次实验，最后终于研究出了韧性很强的材料。用大米粉、小麦粉和高粱粉混合制作出来的勺子能在不锈钢碗里来回刮，在热腾腾的咖啡里搅拌，还不会变得软趴趴的。

大叔的脑袋里装着许多千奇百怪的新点子。他想，巧克力可以分为榛子巧克力、奶香白巧克力、香浓黑巧克力，勺子却只有一种口味，岂不单调？所以，在制作的过程中，大叔加入了一些其他的材料，小茴香味的勺子、生姜味的勺子、胡萝卜味的勺子就产生了，甚至连薄荷味的勺子也有呢。

可以吃的勺子远销欧美等国，获得人们的一致好评。“看我一口把勺子吃掉，隔壁的汤姆惊呆了。”刚刚收到货的杰克捂着嘴，乐呵呵地说道。“我好像已经爱上它了，准备囤一堆当零食吃。”上班族王小姐一边嚼着胡萝卜味的勺子，一边说道。

“在将来，‘我烧菜，你洗碗’的争论恐怕也会变成‘你吃芹菜盘，我吃沙拉碗’吧！”大叔穿得跟个圣诞老人似的，站在轰隆隆的机器旁，满怀希望地望着即将出炉的新产品。这可能是能吃的筷子、能啃的杯子或者是能咬的刀叉，咱们就期待纳莱亚那大叔更多的产品吧！

智慧改变世界

人的智慧不用就会枯萎。

——[意]达·芬奇

在我们眼中，普通寻常的印度薄饼只是食物，而印度的纳莱亚那大叔却从中得到灵感，找到了减少白色污染的方法，制造出可以吃的勺子。

一次性餐具虽然方便，但给我们的环境带来了极大破坏。印度大叔灵机一动，用可以吃的勺子代替不环保的一次性餐具，在不知不觉中为地球慢慢穿上了绿衣。

亲爱的小读者，你们年纪虽小，但是也可以用你们的智慧为环保出力。爷爷的旧拐杖和家里破旧的梯子千万别扔，可以用来做书架。坏了的地球仪经过你的巧手，也能变成一个精美的灯罩。告诉妈妈，用不上的叉子别浪费，将其弯曲，能制成耐用的挂衣钩。很多人觉得这样做很费事儿，直接去买新的不就好了吗？可是，

灵机一动是一件多么有趣的事啊！用智慧给旧物一个新面貌，你会有强烈的成就感，在无形中还改变了这个世界。

人们偶然间发现磁石只能吸引铁，而且还有同性相斥、异性相吸的特征，之后便有了用来导航的指南针。鲁班被野草划伤了手掌，他不是默默走开，而是静静思考，后来发明了锯子。

亲爱的小读者，世界因为你的聪慧而美好，一个小小的创意，就可能带来大大的改变。

成长小魔棒

让你变聪明的第二十六个神奇魔法：巧用旧物。

咒语：小小的点子，大大的改变。

十二生肖

丁零零！铃声在回荡，动物们全都竖起了耳朵，二郎神驾着祥云在天空中威严地宣布：“玉帝下旨准备设定十二生肖，明天五更前赶到老槐树下的前十二名动物可以成为生肖团的成员。”这消息可把动物们给高兴坏了，大家叽叽喳喳讨论了半天，才跑回家去睡觉。

夜深人静之际，老鼠家门外响起了一阵敲门声。这么晚了，究竟是谁呢？老鼠不耐烦地披上外衣，挪着步子去开门。

“是你呀，懒猫，找我什么事儿？”小老鼠不屑地瞥了大花猫一眼。

“嘿嘿。”大花猫讨好地说，“鼠兄弟，你帮帮我吧，明天的生肖大会我特别想去，可我喜欢睡懒觉，我，我……”大花猫不由得低下了头。

小老鼠的眼珠咕噜一转，坏主意就来了：“行行行，明天我起得早，顺便叫上你便是。”

“小老鼠，你真是太善良了！”大花猫用毛茸茸的爪子摸了摸小老鼠的头，转身走了。

不知道是因为天气冷，还是心里有鬼，小老鼠连打了好几个喷嚏。他赶紧关上门，哼着小曲回被窝里继续睡觉去了。

太阳躲在大山后面还没起床呢，小老鼠揣着一包蒺藜果已经上了路，咦，他带蒺藜果干什么呢？过会儿你就知道了。路过花猫家门口时，他轻声笑着说道：“睡吧，睡到太阳晒屁股再起来才好呢。”

路途遥远又不好走，小老鼠累得满头大汗，一屁股坐在了路边的一块大岩石上。

小老鼠刚想喘口气，远远瞧见老黄牛朝这边赶来。哈，座驾来啦！小老鼠鬼主意多，马上想出了一个办法。

“黄牛大叔，我给您讲个好听的故事吧！”小老鼠讨好地说。

“太好了，你讲吧！”老黄牛可喜欢听故事了，小老鼠于是跳到黄牛的背上讲了起来。

就这样，老黄牛驮着小老鼠走了很长一段路。过了一会儿，小老鼠看到后面有头大象追了上来。大象的速度很快，眼看就要超过老黄牛了。

小老鼠趁大象不注意，悄悄撒下几个蒺藜果，大象的脚掌踩了上去，疼得“嗷嗷”直叫，一瘸一拐地落在了后面。

小老鼠可得意了，一路上，好几个动物快要追上老黄牛时，都被狡猾的小老鼠用这一招制服了，老黄牛一直保持着第一的位置。

眼看就要到老槐树下了，小老鼠“嗖”地从牛背上跳了下来，用尽全身力气冲向终点。赶了这么久的路，老黄牛几乎筋疲力尽，只能眼巴巴地望着小老鼠夺了第一名。

五更时，二郎神准时抵达老槐树下，公布了十二生肖名单：鼠、牛、虎、兔、龙、蛇、马、羊、猴、鸡、狗、猪。

名单公布后，大花猫才赶到，可十二生肖已经确定了。大花猫气得吹胡子瞪眼，睁着又圆又大的眼睛朝小老鼠扑去，小老鼠吓得浑身发抖，撒腿就跑。

从那之后，小老鼠成了猫的冤家。虽说他得了第一，可动物们没一个瞧得起他，善良忠厚的大象和黄牛碰上他，也忍不住要去踩他。

小老鼠失去了所有的朋友，躲在角落里瑟瑟发抖，这个“第一”的滋味真不好受。

成长点金术

善良比聪明更重要

善良的人在每一件小事上积存善，就比聪明的人更有智慧。

很多年前，我还是电台的少儿节目主持人的时候，无数个孩子问过我：晓玲姐姐，将来我要成为什么样的人？

对呀，我希望这些孩子成为什么样的人呢？我苦苦思索了很久，在一个美好的月夜，拿起了笔，在稿纸上写下了这样的句子：

我希望你能成为一个梦想成真的人，一个善良的人，一个快乐的人，一个与他人和谐相处的人，一个有美德的人……

这就是我为每一个正在成长的孩子许下的美好心愿，善良、梦想、快乐、和谐、美德……希望可以点燃你的成长岁月，也点燃你的美丽人生。

也就是从那个夜晚开始，每天电波消失之后，我拿起笔开始为孩子们写作。

为了帮助孩子们成为一个梦想成真、与他人和谐相处的人，我写了《非常成长书》系列；为了帮助孩子们成为一个快乐的人，我写了《欢乐嘻哈镇》系列，伴随着嘻哈镇居民嘻嘻哈哈的笑声，伴随着笑笑鼠的尾巴扭扭舞，我希望那些好玩有趣的故事带给孩子们一个充满笑声和欢乐的童年；为了帮助孩子们成为一个拥有美德的人，我花了十年的时间写了《魔法小仙子》系列丛书。

可以说，我这二十年的写作，归根到底就是为了回答你们的提问：将来我要成为什么样的人？

有一天，我在学校与孩子们座谈时谈了上述话题，也就是我的创作初衷，一个孩子向我提问：晓玲姐姐，你说孩子成长最重要的四个方面是梦想、快乐、和谐与美德，那么，其中最最重要的又是什么呢？

我毫不犹豫地回答他，一个人最最重要的是美德！美德是一个人身上最重要的东西。

智慧不是最重要的，因为聪明的恶人会给这个世界带来更大的恶。

著名教育家陶行知先生说过这样一句话，让我感触很深。“道德是做人的根本。根本一坏，纵然你有一些学问和本领，也无甚用处。没有道德的人，学问和本领愈大，为非作恶愈大。”

财富也不是最重要的。因为一个人两手空空地来到这个世界上，也必将两手空空地离开。

比财富和智慧更重要的是一个人的美德。我非常喜欢一句话：善良比聪明更重要。现在我把它送给你，愿你一生受益。

成长小魔棒

让你变聪明的第二十七个神奇魔法：善良比聪明更重要。

咒语：邪恶的天才不如善良的傻瓜。

附录 让你变聪明的神奇魔法

让你变聪明的第一个神奇魔法：发明创造。
咒语：做个“活”孩子！
让你变聪明的第二个神奇魔法：运用智慧。
咒语：智慧是最宝贵的财富。
让你变聪明的第三个神奇魔法：随机应变。
咒语：锻炼思维，增长智慧。
让你变聪明的第四个神奇魔法：开动脑筋。
咒语：没有人给我们智慧，我们必须自己找到它。
让你变聪明的第五个神奇魔法：灵活变通。
咒语：学会变通，别让大脑生锈。
让你变聪明的第六个神奇魔法：打破定式思维。
咒语：拆掉思维里的墙，卸下经验的枷锁。
让你变聪明的第七个神奇魔法：换个角度思考。
咒语：聪明就是换种思维方式。
让你变聪明的第八个神奇魔法：不走寻常路。
咒语：打破常规，通往智慧之殿。
让你变聪明的第九个神奇魔法：逆向思维。
咒语：学会逆向思维，给你意想不到的惊喜。
让你变聪明的第十个神奇魔法：另辟蹊径。
咒语：山重水复疑无路，柳暗花明又一村。
让你变聪明的第十一个神奇魔法：勤于观察。
咒语：勤观察，善思考，多创造。
让你变聪明的第十二个神奇魔法：深入了解。
咒语：不看表象，深度分析。
让你变聪明的第十三个神奇魔法：敢于质疑。
咒语：保持理智，不盲从。
让你变聪明的第十四个神奇魔法：化难为易。

咒语：最简单的方法往往能解决最复杂的问题。
让你变聪明的第十五个神奇魔法：用对方法。
咒语：遇事先思考，方法是关键。
让你变聪明的第十六个神奇魔法：事半功倍。
咒语：计划一小步，成功一大步。
让你变聪明的第十七个神奇魔法：观察细节。
咒语：魔鬼总是藏在细节之中。
让你变聪明的第十八个神奇魔法：未雨绸缪。
咒语：做好准备，预防坏事的发生。
让你变聪明的第十九个神奇魔法：智慧管理。
咒语：有条不紊，事半功倍。
让你变聪明的第二十个神奇魔法：学会合作。
咒语：与人合作，效率更高。
让你变聪明的第二十一个神奇魔法：善用特长。
咒语：要学会发现自己的闪光点。
让你变聪明的第二十二个神奇魔法：锻炼口才。
咒语：好的口才恰是智慧的表现。
让你变聪明的第二十三个神奇魔法：学以致用。
咒语：知行合一，活学活用。
让你变聪明的第二十四个神奇魔法：勇于创新。
咒语：以创新，致领先。
让你变聪明的第二十五个神奇魔法：化平常为神奇。
咒语：想象力比知识更重要。
让你变聪明的第二十六个神奇魔法：巧用旧物。
咒语：小小的点子，大大的改变。
让你变聪明的第二十七个神奇魔法：善良比聪明更重要。
咒语：邪恶的天才不如善良的傻瓜。

来了·破解泡泡怪·乌鸦的诡计·人鱼的眼泪
聪明不是天生的
享让我变快乐·别让胆小打败你·聪明不是天生的
欢乐嘻哈镇
寻亲·智斗黄鼠狼·吹牛排行榜
获奖证书
文艺类图书《魔法小仙子》获得第十二届精神文明建设“五个一工程”优秀作品奖。
特此表彰。

图书在版编目(CIP)数据

聪明不是天生的 / 晓玲叮当编著.
—南昌：二十一世纪出版社集团, 2017.5（2018.7重印）
（非常成长书13）
ISBN 978-7-5568-2575-2

Ⅰ.①聪… Ⅱ.①晓… Ⅲ.①心理健康—健康教育—少儿读物
Ⅳ.①G444-49

中国版本图书馆CIP数据核字(2017)第054190号

聪明不是天生的

晓玲叮当 编著

责任编辑	方　敏　陈　沁
文字助理	雪　瑶　黄群香
插图绘画	陆润曦
出版发行	二十一世纪出版社集团 (江西省南昌市子安路75号　330025) www.21cccc.com cc21@163.net
出 版 人	张秋林
经　　销	新华书店
印　　刷	南昌印刷十二厂有限公司
开　　本	720mm × 960mm　1/16
版　　次	2017年12月第1版　2018年7月第3次印刷
字　　数	80千字
印　　张	10
印　　数	68,001 – 78,000 册
书　　号	ISBN 978-7-5568-2575-2
定　　价	22.00元

赣版权登字-04-2017-285